Bode · Dietze · Steinert

Ich lerne Stricken

100 Muster Schritt für Schritt

Bechtermünz Verlag

Genehmigte Lizenzausgabe für
Weltbild Verlag GmbH, Augsburg 1999

Fotografie: Klaus Lipa, Augsburg
Grafiken/Zeichnungen: Manuela Juntke, Leipzig
Satz/Layout: Typo Repro Peter Schmalz, Augsburg
Reproduktion: Reprotechnik Mayr, Donauwörth
Umschlaggestaltung: Georg Lehmacher, Friedberg (Bay.)
Gesamtherstellung: Druckerei Appl, Wemding
Printed in Germany
ISBN 3-8289-2344-5

Die Autorinnen und der Verlag danken der Firma Schachenmayr, Salach, für die freundliche Unterstützung.

Vorwort

Das Stricken mit seiner langen Tradition ist gegenwärtig für viele sicher immer noch die am weitesten verbreitete und ausgeübte Handarbeitstechnik. Früher waren die Menschen darauf angewiesen, sich auf diese Art nützliche Kleidung zum täglichen Gebrauch selber herzustellen. Heute ist das Stricken ein beliebtes kreatives Hobby. Denn auch bei einem riesigen Angebot an fertiger modischer Kleidung hat doch die eigene Handarbeit stets ihren besonderen Reiz.

Handstrickgarn mit verschiedenen Eigenschaften und wunderschönen Effekten in großer Farbauswahl lockt zum Stricken. Stricknadeln, ganz unterschiedlich in Material, Stärke und Länge, werden allen Ansprüchen gerecht. Das nötige Zubehör erleichtert manchen Arbeitsschritt. Unser Buch zeigt Ihnen die wichtigsten Grundkenntnisse zum Thema »Stricken«, vom Beginn mit dem Maschenanschlag, der Maschenprobe und der Bildung der Schnittform bis zu Anleitungen zum Stricken ganzer Modelle. Aus über 100 Mustern, unterteilt in Rechts-/Linksmuster, Patent- und Fangmuster, Zopfmuster, Ajourmuster und Jacquardmuster können Sie wählen. Zu jeder Musterrubrik haben wir für Sie einen Pullover entworfen. Handschuhe, Strümpfe und Stricktips zu Ausschnittblenden und Raglanschrägungen ergänzen das Ganze. Unsere Strickschriften erleichtern das Nacharbeiten. Besonders die Strickanfängerinnen unter Ihnen werden die gezeichneten Arbeitsschritte zu den einzelnen Symbolen der Strickschriften zu schätzen wissen.

Ganz gleich, ob Sie unsere Modelle nacharbeiten, ein anderes Muster wählen oder die vielen Muster neu kombinieren, wir wünschen Ihnen viel Spaß beim Stricken.

Inhalt

Material

Das richtige Garn

Die Auswahl des richtigen Garnes für Ihre Strickarbeit ist eine wichtige Voraussetzung für das gute Gelingen, den Spaß beim Stricken und die Freude über Ihr fertiges Modell. Bei der Vielfalt der angebotenen Handstrickgarne fällt die Entscheidung oft nicht leicht. Einige allgemeine Hinweise sollen Ihnen helfen, das geeignete Garn zu finden.
Bei Handstrickgarnen wird Material aus Naturfasern, aus synthetischen Fasern und Mischgarn angeboten.

Die Naturfaser gibt es als tierisches Produkt; z.B. Lammwolle, Merino-Wolle, Shetlandwolle, Kamelhaar, Mohair, Angora oder Kaschmir. Die Herkunft von verschiedenen Tieren aus unterschiedlichen Ländern erklärt die differenzierten Merkmale in Qualität und Eigenschaften. Reine Wolle wird deshalb z.B. oft als Mischung mehrerer Wollsorten weiterverarbeitet. Sie ist flauschig und für kuschlige, wärmende Modelle besonders geeignet.

Ein besonders kostbares Material tierischer Herkunft ist Seide, das Produkt der Seidenspinner-Raupen. Sie wird häufig für Mischungen mit Baumwolle, Viskose oder Synthetikfasern verwendet.

Pflanzenfasern sind z.B. Baumwolle oder Leinen. Auch hier unterscheiden sich Eigenschaften und Qualität nach Pflanzenart und Herkunft. Die Garne sind meistens glatt und lassen sich gut zu Sommerpullis verarbeiten.

Synthetische Fasern bestehen z.B. aus Polyacryl, Polyamid oder Polyester. Durch entsprechende Bearbeitung und Veredlung entstehen glatte oder flauschige Garne, deren Eigenschaften sehr unterschiedlich sind. Sie sind je nach Beschaffenheit vielseitig verwendbar, pflegeleicht, aber nicht sehr formstabil.

Gerade für modische Handarbeiten sind die glänzenden Viskose-Garne sehr beliebt. Sie nehmen quasi eine Zwitterstellung zwischen Natur- und Chemiefasern ein: Das Ausgangsprodukt ist Zellstoff, der aus Holzfasern gewonnen wird. Die Zellulose wird mit Natronlauge und Schwefelkohlenstoff bearbeitet, so daß verspinnbare Fasern entstehen.

Mischgarne sind zu verschiedenen Anteilen aus Naturfasern und synthetischen Fasern zusammengesetzt. So lassen sich die Eigenschaften der unterschiedlichen Beimischungen kombinieren und positiv beeinflussen. So kann man z.B. die Strapazierfähigkeit erhöhen oder auch bestimmte Effekte erzielen.

Flauschiges, voluminöses Garn für nicht so stark beanspruchte Modelle sollte auch locker verstrickt werden, damit sein leichter, luftiger Charakter erhalten bleibt. Stärker verdrehtes Garn sollte auch fester gestrickt werden, damit die Modelle auch bei häufigem Tragen strapazierfähig bleiben.

Pflegetips für Handgestricktes aus Wolle und Synthetik

Waschen Sie Ihre handgestrickten Sachen am besten immer von Hand. Nur Wolle mit einer »Superwash«-Ausrüstung kann auch bei 15°C oder 30°C mit dem Wollwaschprogramm in der Waschmaschine gewaschen werden. Verwenden Sie ein Wollwaschmittel. Bei zuviel Waschmittel oder zu heißem Wasser besteht die Gefahr des Verfilzens. Beachten Sie immer die Pflegehinweise des Herstellers auf den Garnbanderolen. Drehen Sie vor dem Waschen die Außenseite der Strickteile nach innen. So können sich, wenn mehrere Teile gewaschen werden, keine andersfarbigen Fasern auf der Außenseite festsetzen. Die Strickteile nicht bürsten und reiben, sondern nur leicht ausdrücken. Zum Spülen die Teile behutsam mit beiden Händen aus dem Wasser heben. Das Wasser sollte kalt oder lauwarm sein. Spülen Sie mehrmals, bis das Wasser klar bleibt. Ein Schuß Essig im letzten Spülbad frischt die Farben auf. Nur Weichspüler ohne optische Aufheller verwenden. Bei »Superwash«-Ausrüstung auf Weichspüler verzichten, da sonst besondere Eigenschaften dieser Garne beeinflußt werden. Sachen mit hohem Wollanteil sollten Sie nicht schleudern, da sie sonst aufrauhen und filzen. Drücken Sie die Stricksachen aus, gegebenenfalls in Frottiertüchern. Trocknen Sie die Teile liegend und ziehen Sie sie in Form. Bei mehrfarbigen Sachen sollten Sie Tücher zwischen Vorder-und Rückenteil und in die Ärmel legen, damit nichts abfärbt.

Nadeln und Zubehör

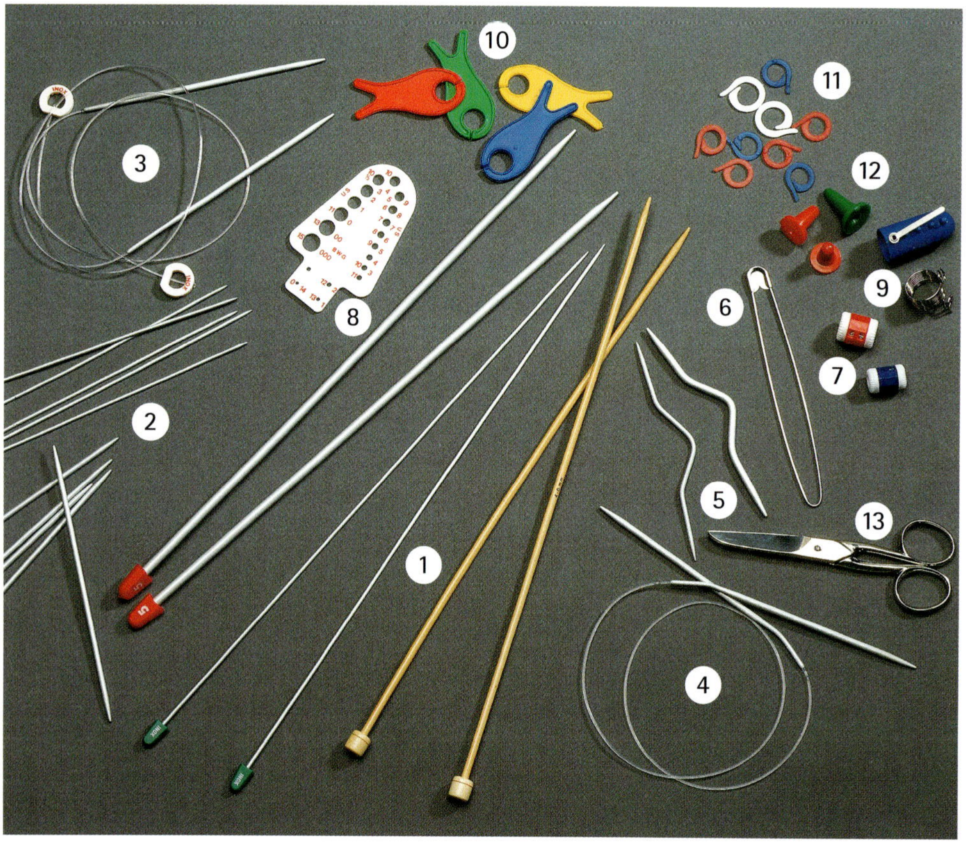

Ein Paar flexible Nadeln (3) verwendet man beim Stricken breiterer Teile z.B. für Pullover oder Jacken. An einem Nadelende befindet sich als Verlängerung ein flexibler Draht. Auch wenn die Strickteile breiter als die Nadel sind, verhindern die Stopper das Herunterrutschen der Maschen.

Rundstricknadeln (4) haben zwischen zwei starren Nadelenden einen flexiblen Perlondraht in verschiedenen Längen. Mit kurzen Rundstricknadeln kann man z.B. Ausschnittblenden oder Rollkragen stricken. Mit langen Rundstricknadeln kann man ganze Modelle in Runden arbeiten. Auch nützliches Zubehör für eine erfolgreiche Strickerei wird angeboten.

Zopfnadeln oder Hilfsnadeln (5) werden beim Verkreuzen von Zopfmaschen verwendet. Die Zopfnadeln haben einen kleinen Bogen in der Mitte, damit die nach vorn bzw. nach hinten genommenen Maschen beim Verkreuzen nicht heruntergleiten.

Maschenraffer (6) sehen aus wie große Sicherheitsnadeln. Sie werden zum Stillegen von Maschen verwendet, indem man die Maschen auf den Maschenraffer zieht und diesen schließt.

Reihenzähler (7) lassen sich auf die Nadelenden auf-

Genauso wichtig wie die richtige Wahl des Garnes ist die Verwendung der geeigneten Nadeln. Die richtige Nadelstärke für jedes Garn ist auf den Banderolen gekennzeichnet. Durch Ihre eigene Maschenprobe können Sie die angegebene Nadelstärke überprüfen. Fällt Ihre Maschenprobe zu fest aus, nehmen Sie eine stärkere Nadel, fällt die Probe zu locker aus, verwenden Sie eine dünnere Nadel.
Es werden Nadeln in verschiedenen Stärken angeboten, von dünnen Nadeln für die Kunststrickerei bis zu dicken Nadeln zum Stricken von Jackenwolle.
Auch beim Material der Nadeln haben Sie die Auswahl: Es gibt Nadeln aus Plastik, aus Metall mit oder ohne Beschichtung, aus Holz oder Bambus. Je nach dem Verwendungszweck werden Nadeln in verschiedenen Längen mit und ohne Perlondraht angeboten.

Ein Paar Schnellstricknadeln (1) eignet sich für Strickteile, die in Reihen gearbeitet werden. Nach den Spitzen in der jeweiligen Nadelstärke werden die Nadeln dünner, damit die Maschen locker auf der Nadel liegen und leichter abzustricken sind. Stopper am Nadelende lassen die Maschen nicht herunterrutschen und geben die Nadelstärke an.

Ein Spiel Nadeln (2) besteht immer aus fünf relativ kurzen Nadeln (15 cm oder 20 cm) mit Spitzen an beiden Enden z.B. zum Stricken von Strümpfen oder Handschuhen in Runden. Dafür sind Nadeln aus Bambus besonders gut geeignet. Sie sind sehr leicht und rutschen deshalb nicht aus den Maschen.

stecken. Sie haben ein kleines Zählwerk, das man mit der Hand nach jeder gestrickten Reihe weiterdrehen kann. So kann man immer ablesen, welche Musterreihe man gerade strickt.

Das Nadelmaß (8) ist eine Schablone zum Bestimmen der Nadelstärken. Es hat passgenaue Löcher für Nadeln von 2mm bis 10mm. So können Sie auch von Nadeln ohne genaue Bezeichnung die Nadelstärke bestimmen.

Ein Strickfingerhut (9) erleichtert das Stricken von Jacquardmustern. Es kann mit 2 bis 4 Fäden gleichzeitig gestrickt werden.

Auf die fischförmigen Garnspulen (10) können Sie kürzere Stücke Garn für farbige Einstrickmuster aufwickeln und müssen so nicht mit den unhandlichen Knäueln arbeiten.

Markierungsringe (11) dienen dazu, den Rundenbeginn oder bestimmte Stellen im Muster zu kennzeichnen.

Farbige Hütchen (12) können auf die Nadelspitzen gesteckt werden, wenn die Arbeit unterbrochen oder ein Teil der Arbeit stillgelegt wird. Sie verhindern das Abrutschen der Maschen.

Eine scharfe und spitze Schere (13) ist – wie für alle Handarbeiten – auch für das Stricken unerläßlich.

Die Strickschrift

Lesen von Strickschriften und Zählmustern

Die Strickschriften und Zählmuster immer von unten nach oben ablesen. Die Reihen abwechselnd einmal von rechts nach links und einmal von links nach rechts, bzw. von der angegebenen Reihenzahl aus lesen. Die Runden stets von rechts nach links ablesen. In der Breite den Mustersatz bzw. die Mustersätze fortlaufend wiederholen. In der Höhe die Reihen so wiederholen, wie es in den Texten neben den Strickschriften erklärt ist. Wenn in den Strickschriften keine Randmaschen für die Knötchen- bzw. Kettenrandmasche gegeben sind, so müssen sie zusätzlich angeschlagen werden. Sind in den Strickschriften starke senkrechte Linien eingezeichnet, befindet sich innerhalb der Linien der zu wiederholende Mustersatz. Die Maschen außerhalb der Linien sind Randmaschen für das entsprechende Muster, die nur am Anfang und Ende der Reihen zu stricken sind.

Abkürzungen

abk.	=	abketten
abn.	=	abnehmen
abw.	=	abwechselnd*
anschl.	=	anschlagen
Fb	=	Farbe
Hin-R	=	Hinreihe(n)
li	=	links
M	=	Masche(n)
MA	=	Maschenanschlag
R	=	Reihe(n)
Rd	=	Runde(n)
re	=	rechts
Rück-R	=	Rückreihe(n)
str.	=	stricken
U	=	Umschlag
wdh.	=	wiederholen
zun.	=	zunehmen

* (abw. bei Musterbeschreibungen bedeutet, daß der beschriebene Mustersatz von der ersten bis zur letzten Masche fortlaufend zu wiederholen ist)

Allgemeine Zeichenerklärung für Strickschriften

1 M re str.

1 M li str.

1 Umschlag

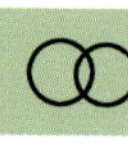

1 Doppelumschlag

1 M re verschränkt str.

1 M li verschränkt str.

2 M re zusammenstr.

2 M li zusammenstr.

2 M re verschränkt zusammenstr.

2 M li verschränkt zusammenstr.

3 M re zusammenstr.

3 M li zusammenstr.

3 M zusammenstr., dafür 2 M zusammen wie zum Rechtsstricken abheben, die folgende M re str. und die abgehobenen M darüberziehen

3 M überzogen zusammenstr., dafür 1 M wie zum Rechtsstricken abheben, die folgenden 2 M re zusammenstr. und die abgehobene M darüberziehen

2 M überzogen zusammenstr., dafür 1 M wie zum Rechtsstricken abheben, die folgende M re str. und die abgehobene M darüberziehen

1 M re verschränkt aus dem Verbindungsfaden herausstr.

1 M li aus dem Verbindungsfaden herausstr.

aus 1 M 2 M herausstr., 1 M rechts und 1 M rechts verschränkt

aus 1 M 3 M herausstr., dafür 1 M re, 1 M li, 1 M re str.

aus 1 M 5 M herausstr., dafür abw. 1 M re str., 1 Umschlag bilden, zuletzt noch 1 M re str.

5 M re verschränkt zusammenstr.

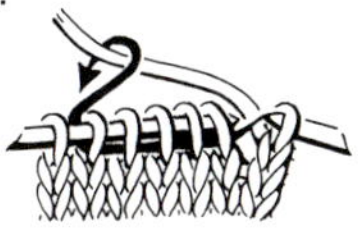

1 M fallenlassen

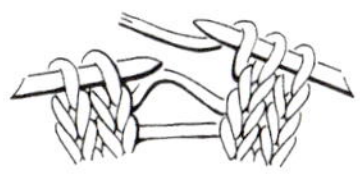

1 M mit dem Umschlag bzw. den Umschlägen mit 1 neuen Umschlag zusammen abheben

2 M zusammen mit einem Umschlag abheben

1 M mit dem Umschlag bzw. mit den Umschlägen re zusammenstr.

1 M mit dem Umschlag bzw. mit den Umschlägen li zusammenstr.

1 M mit hintergelegtem Faden wie zum Linksstricken abheben

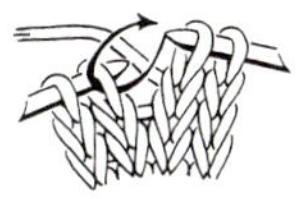

1 M mit hintergelegtem Faden wie zum Rechtsstricken abheben

1 M mit vorgelegtem Faden wie zum Linksstricken abheben

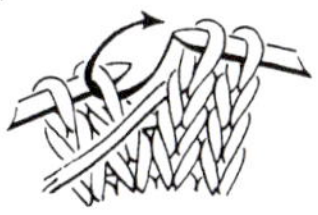

1 R tiefer einstechen, die M re str., dabei die auf der linken Nadel befindliche M auflösen

Die 4 Querfäden mit der M li zusammenstr.

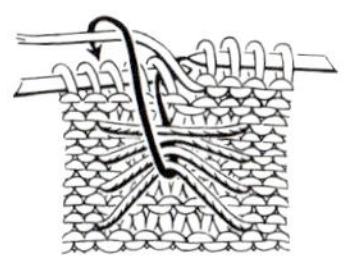

Die 4 Querfäden mit der M re zusammenstr.

aus 3 M wieder 3 M herausstr., dafür die 3 M einmal re zusammenstr., einmal re verschränkt zusammenstr. und einmal re zusammenstr.

Wickel-M, dafür 7 M auf eine Hilfsnadel nehmen und 6mal mit dem Arbeitsfaden umwickeln, dann die M ungestrickt auf die rechte Nadel heben, der Arbeitsfaden liegt hinten

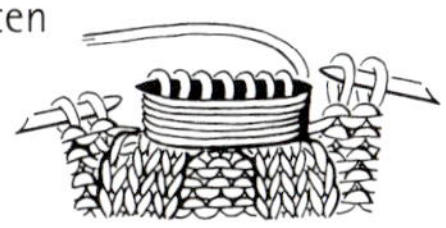

2 M nach links verkreuzen, dafür die 2. M hinter der 1. M re verschränkt str., noch auf der linken Nadel lassen, die 1. M re str., dann beide M von der linken Nadel gleiten lassen

1Noppe: dabei um 2 M einstechen und 5 M herausstr., dafür abw. 1 Schlinge holen und 1Umschlag bilden, zuletzt noch 1 Schlinge holen, die 2 M re verschränkt zusammenstr.

Beim Stricken der Rechts-M den querliegenden Maschendraht der in der vorhergeh. R aufgelösten M mitfassen

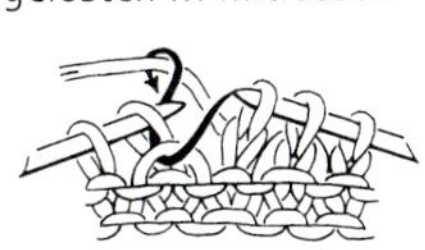

1 M mit hintergelegtem Faden wie zum Rechtsstricken abheben, den Umschlag re abstricken, dann die abgehobene M darüberziehen

Den bzw. die Umschläge mit einem neuen Umschlag abheben

Die Umschläge rechts zusammenstr.

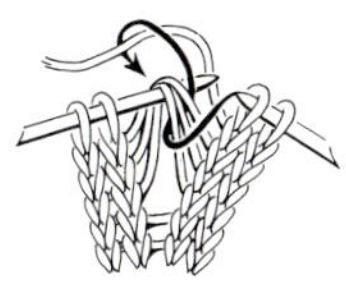

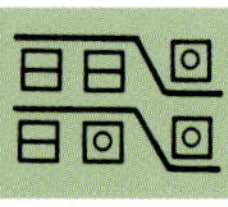

Patent-M nach links verkreuzen, dafür die M vor der schrägen Linie auf eine Hilfsnadel nach vorn nehmen, die folgenden M wie angegeben str., dann die M von der Hilfsnadel wie angegeben str.

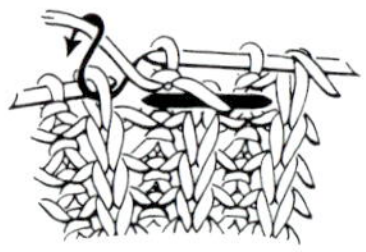

1 tiefgestochene Noppe: mit der rechten Nadel in die M 5R, 4R, 3R, 2R und 1R tiefer einstechen und je 1 Schlinge holen, wenden, die 5 Schlingen li zusammenstr, wenden, die zusammengestr. M mit der folgenden M li zusammenstr.

8 M verkreuzen, dafür 3 M auf eine Hilfsnadel nach vorn nehmen, 2 M auf eine 2. Hilfsnadel nach hinten nehmen, die folgenden 3 M re str., dann die M von der 2. Hilfsnadel li str. und zuletzt die M von der 1. Hilfsnadel re str.

1Noppe : aus 1 M 7 M herausstr., dafür abw. 1 Schlinge holen und 1 Umschlag bilden, zuletzt noch 1 Schlinge holen, wenden, über die 7 M 5 R glatt re str., wenden, und die 2., 3., 4., 5., 6. und 7. Noppen-M nacheinander über die 1. Noppen-M ziehen und die M auf die rechte Nadel heben

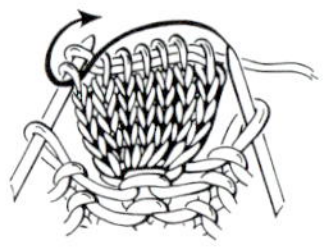

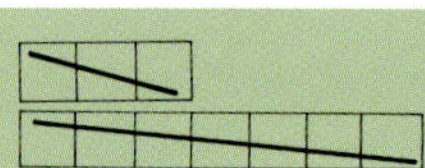

3 bzw. 7 M nach links verdrehen, dafür die M auf eine Hilfsnadel nach vorn nehmen und so verdrehen, daß die erste M letzte wird und obenauf liegt; die M re abstr.

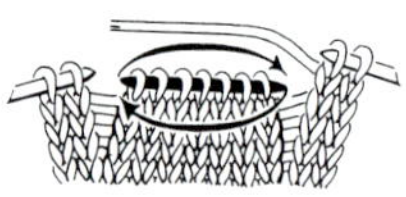

2 M nach rechts verkreuzen, dafür die 2. M vor der 1. M re str., noch auf der linken Nadel lassen, die 1. M wie angegeben str., dann beide M von der linken Nadel gleiten lassen

2 M nacheinander mit dem Umschlag re zusammenstr.

1Noppe: aus 1 M 5 M herausstr., dafür abw. 1 Schlinge holen, und 1 Umschlag bilden, zuletzt noch 1 Schlinge holen, wenden, die herausgestr. M li str., wenden, die M re str., wenden, die herausgestr. M re verschränkt zusammenstr., wenden, die zusammengestr. M auf die rechte Nadel heben

4 M nach rechts verdrehen, dafür die M auf eine Hilfsnadel nach vorn nehmen und so verdrehen, daß die letzte M erste wird und obenauf liegt; 1 M re, 2 M li und 1 M re str.

3 bzw. 7 M nach rechts verdrehen, dafür die M auf eine Hilfsnadel nach vorn nehmen und so verdrehen, daß die letzte M erste wird und obenauf liegt; die M re abstr.

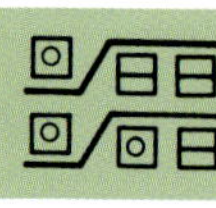

Patent-M nach rechts verkreuzen, dafür die M vor der schrägen Linie auf eine Hilfsnadel nach hinten nehmen, die folgende M wie angegeben str., dann die M von der Hilfsnadel wie angegeben str.

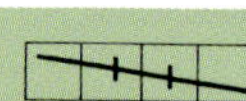

4 M nach links verdrehen, dafür die M auf eine Hilfsnadel nach vorn nehmen und so verdrehen, daß die erste M letzte wird und obenauf liegt; 1 M re, 2 M li und 1 M re str.

5 Schlingen re verschränkt zusammenstr.

1Noppe: aus 1 M 3 M herausstr., dafür 1 Schlinge holen und 1 Umschlag bilden, zuletzt noch 1 Schlinge holen, wenden, die herausgestr. M li str, wenden, die M re str., wenden, die M noch einmal li str., wenden und die herausgestr. M re verschränkt zusammenstr.

Rechte M nach links verkreuzen, dafür entsprechend viele M vor der schrägen Linie auf eine Hilfsnadel nach vorn nehmen, die M nach der schrägen Linie re str., dann die M von der Hilfsnadel re str.

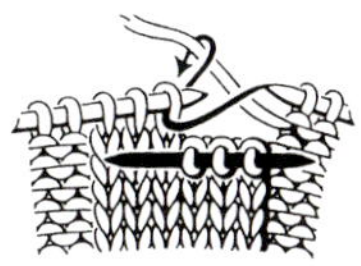

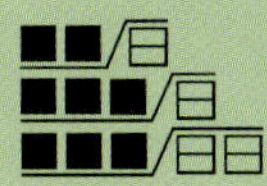

M nach rechts verkreuzen, dafür entsprechend viele M vor der schrägen Linie auf eine Hilfsnadel nach hinten nehmen, die M nach der schrägen Linie re str., dann die M von der Hilfsnadel li str.

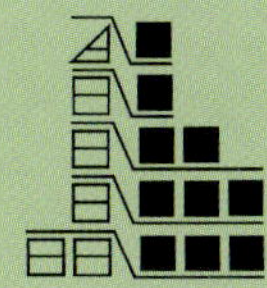

M nach links verkreuzen, dafür entsprechend viele M vor der schrägen Linie auf eine Hilfsnadel nach vorn nehmen, die M nach der schrägen Linie wie angegeben str., dann die M von der Hilfsnadel re str.

Rechte M nach rechts verkreuzen, dafür entsprechend viele M vor der schrägen Linie auf eine Hilfsnadel nach hinten nehmen, die M nach der schrägen Linie re str., dann die M von der Hilfsnadel re str.

N

1 Noppe: aus 1 M 5 M herausstr., dafür abw. 1Schlinge holen und 1Umschlag bilden, zuletzt noch 1 Schlinge holen, wenden, die 5 M li str,wenden und die 5 M re verschränkt zusammenstr.

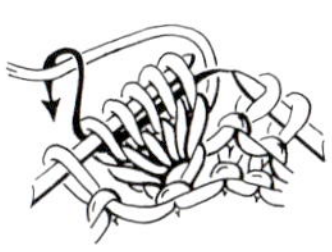

$\underline{N}$

1 Noppe: aus 1 M 5 M herausstr., dafür abw. 1 Schlinge holen und 1 Umschlag bilden, zuletzt noch 1 Schlinge holen, wenden, die 5 M re str., wenden und die 5 M re verschränkt zusammenstr.

$\underline{\Phi}$

1 Noppe: aus 1 M 5 M herausstr. dafür abw. 1 Schlinge holen und 1 Umschlag bilden, zuletzt noch 1 Schlinge holen, wenden, über die 5 M 5 R glatt re str, wieder wenden und die 2.,3.,4. und 5. M nacheinander über die 1. M ziehen

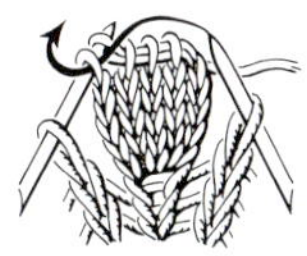

$\ominus$

1 Noppe: aus 1 M 5 M herausstr., dafür abw. 1 Schlinge holen und 1 Umschlag bilden, zuletzt noch 1 Schlinge holen, wenden, über die 5 M 5 R obenauf li str, wenden und die 2.,3.,4. und 5. M nacheinander über die 1. M ziehen

K

1 Noppe: aus dem Verbindungsfaden 5 M herausstr., dafür abw. 1 Schlinge holen und 1 Umschlag bilden, zuletzt noch 1 Schlinge holen, wenden, die 5 M li str., wenden und die 5 M mit der folgenden M re verschränkt zusammenstr.

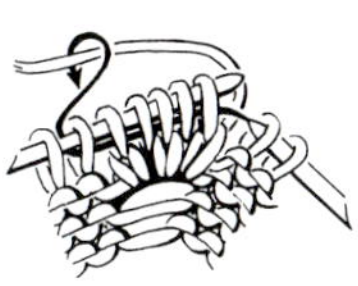

$\overline{K}$

1 Noppe: aus 1 M 5 M herausstr., dafür abw. 1 Schlinge holen und 1 Umschlag bilden, zuletzt noch 1 Schlinge holen, wenden, die herausgestr M re str., wenden, die M re str, wenden, die M noch einmal re str., wenden und die 5 herausgestr M re verschränkt zusammenstr.

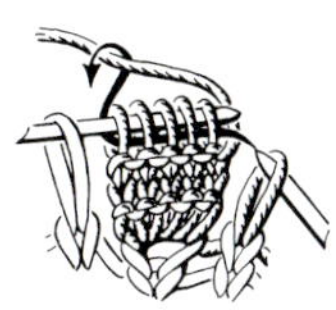

$\underline{K}$

1 Noppe: aus 1 M 5 M herausstr., dafür abw. 1 Schlinge holen und 1 Umschlag bilden, zuletzt noch 1 Schlinge holen, wenden, die M re str., wenden, die M li str., wenden, die 5 M li zusammenstr., wenden und die zusammengestr. M li str.

$\overline{\underline{K}}$

1 Noppe: aus dem Verbindungsfaden 5 M herausstr., dafür abw. 1 Schlinge holen und 1 Umschlag bilden, zuletzt noch 1 Schlinge holen, wenden, 3 R glatt re str., wenden und die herausgestr. M mit der folgenden M re verschränkt zusammenstr.

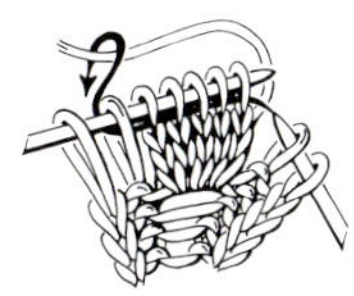

Die Technik des Strickens

Grundmaschenarten und Arbeitsschritte

Glatt rechts:
In den Hinreihen rechte Maschen, in den Rückreihen linke Maschen, in Runden stets rechte Maschen stricken.

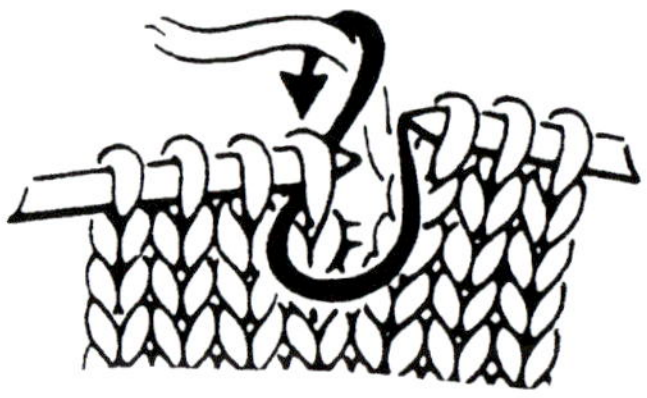

Glatt links:
In den Hinreihen linke Maschen, in den Rückreihen rechte Maschen, in Runden stets linke Maschen stricken.

Verkreuzen von Farbfäden:
In den Hinreihen (linke Zeichnung) den gebrauchten Faden vor, in den Rückreihen (rechte Zeichnung) hinter dem neuen Faden liegen lassen.

Knötchenrand:
Die erste Masche wie zum Rechtsstricken abheben, die letzte Masche rechts stricken.

Eine Masche rechts stricken, dabei den Farbfaden einbinden (linke Zeichnung).

Eine Masche links stricken, dabei den Farbfaden einbinden (rechte Zeichnung).

Kettenrand:
Die erste Masche wie zum Linksstricken abheben, die letzte Masche rechts stricken.

Schlauchstrickerei:

Ohne Randmaschen arbeiten.
1. R: Abw. 1 Masche rechts stricken und 1 Masche mit vorgelegtem Faden abheben.

2. und alle folgenden Reihen:
Abw. die abgehobenen Maschen rechts stricken und die gestrickten Maschen mit vorgelegtem Faden abheben. Beim Abketten stets 2 Maschen rechts zusammenstricken.

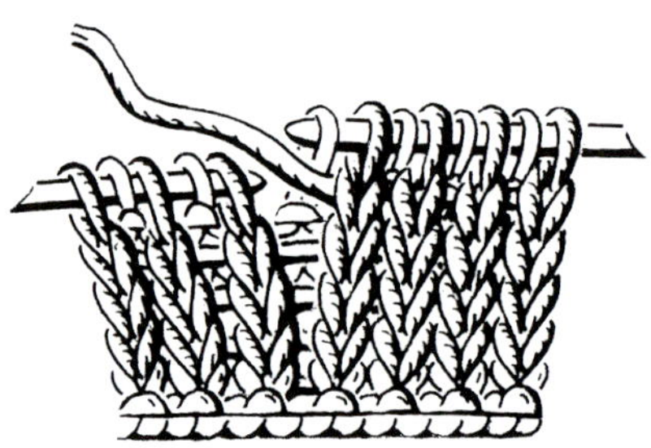

Die Zeichnung zeigt, wie man die auf der Nadel gelassenen bzw. auf einen andersfarbigen Faden gezogenen Maschen mit Steppstichen aufnäht.

Die Zeichnung zeigt, wie man die Blende am Maschenanschlag mit Steppstichen aufnäht.

Für das Anarbeiten von Blenden eine Kettenstichreihe aufsticken. In jeden Kettenstich einstechen und den Faden als Masche durchholen.

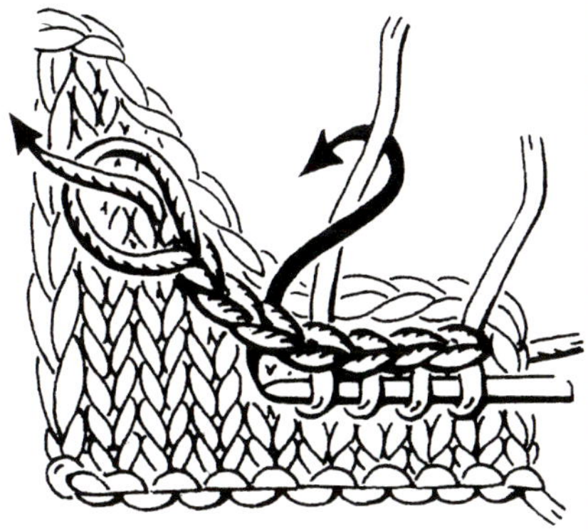

Für einen Strickstich die Masche von rechts nach links auf die Nadel nehmen und in den Ausgangspunkt zurückstechen.

Für ein waagerechtes Knopfloch entsprechend viele Maschen abketten und in der nächsten Reihe wieder anschlagen.

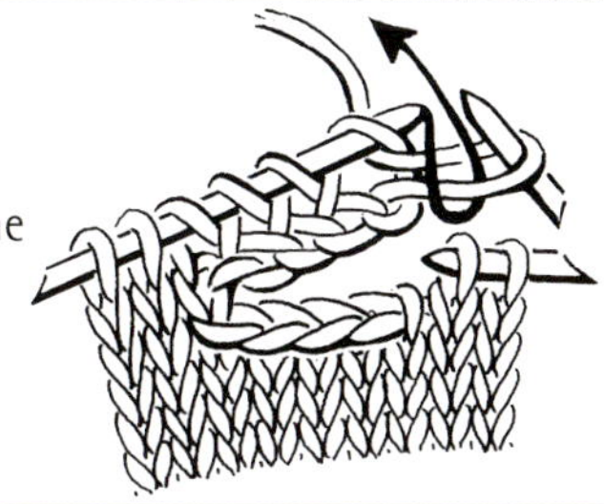

Beim Schließen der Nähte von rechts abw. zwei querliegende Maschendrähte der einen und der anderen Seite mit der Nadel fassen und festziehen, so daß die Maschen nebeneinander liegen.

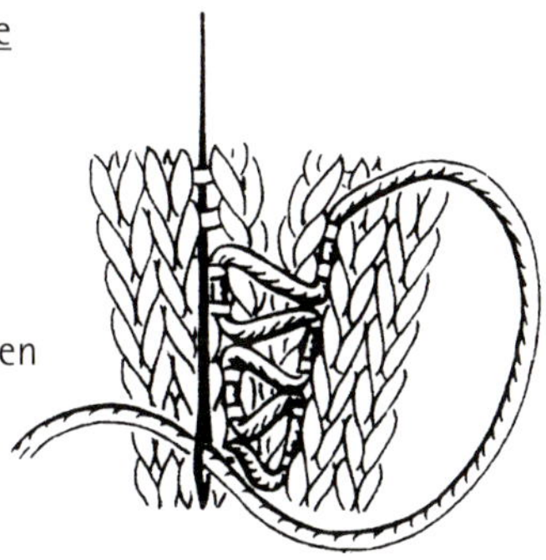

Stricknaht:
Dafür abw. einmal 2 M-Glieder von der oberen Stricknadel und einmal von der unteren Stricknadel auf die Stopfnadel nehmen.

Verkürzte Reihen:
Nur über eine bestimmte Anzahl Maschen stricken.
Die letzte Masche mit vorgelegtem Faden abheben, wenden, die Masche wieder mit vorgelegtem Faden abheben (Zeichnung a) und zurückstricken.
In der folgenden Reihe den vorgelegten Faden mustergemäß mitfassen, links mit abstricken (Zeichnung b) oder rechts mit abstricken (Zeichnung c).

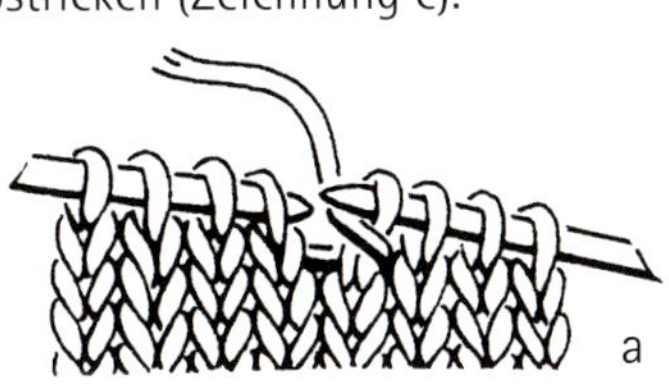
a

b

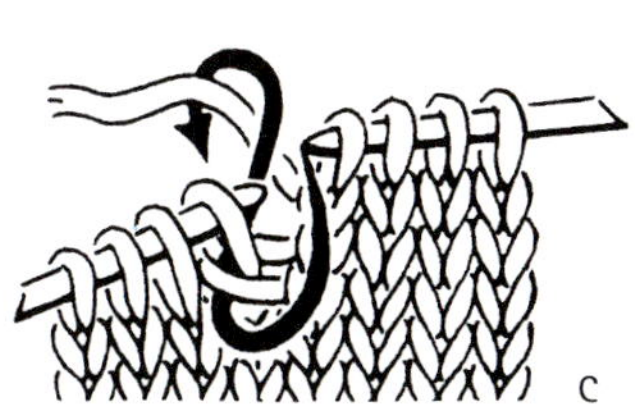
c

Maschenanschlag

Es gibt mehrere Möglichkeiten, Maschen anzuschlagen. Wir zeigen den einfachen Kreuzanschlag. Er ist sehr gebräuchlich, und wir haben ihn für unsere Muster und Modelle angewendet. Um das dafür benötigte Fadenende zu messen, sollten Sie 10 Maschen anschlagen, den Anschlag auftrennen und messen. Daraus können Sie nun für Ihre gewünschte Maschenzahl die Fadenlänge berechnen.

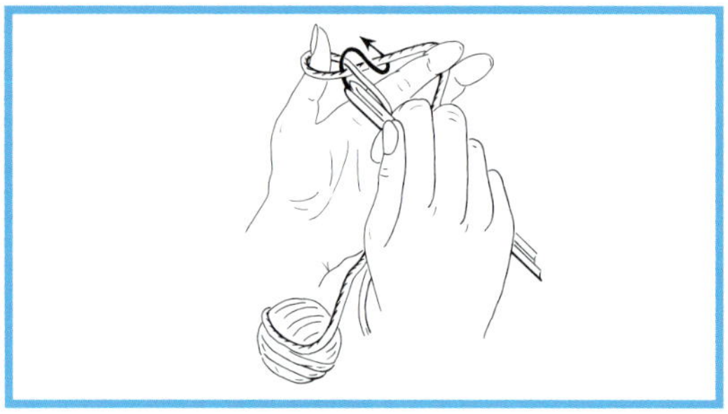

Zeichnung 1:
Ein Fadenende, dessen Länge der anzuschlagenden Maschenzahl entspricht, legt man von vorn nach hinten um den Daumen der linken Hand. Der vom Knäuel kommende Faden wird um den Zeigefinger gelegt. Beide Fäden liegen innen, werden zwischen Ringfinger und kleinem Finger wieder nach hinten geführt und straff gehalten. Nun sticht man mit zwei Stricknadeln in der rechten Hand in die Daumenschlinge ein und holt den vom Zeigefinger kommenden Faden durch, wie es der Pfeil zeigt.

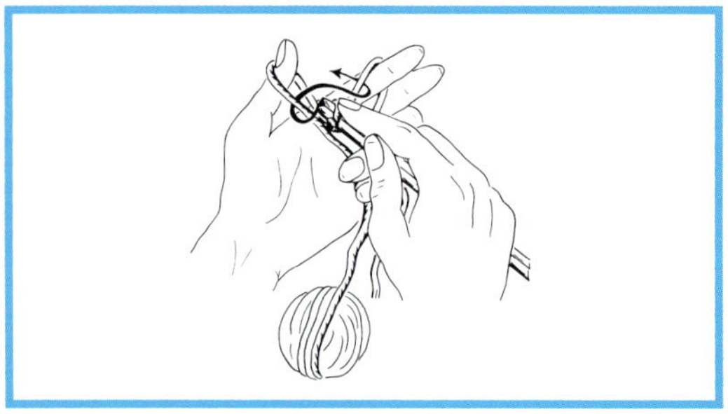

Zeichnung 2:
So entsteht die erste Masche. Dabei läßt man die Daumenschlinge vom Daumen gleiten und zieht sie fest an die Nadel an, indem man mit dem Daumen den Faden, der von der eben gebildeten Schlinge kommt, wieder von hinten nach vorn aufnimmt. Auf gleiche Weise bildet man die folgenden Maschen (siehe Pfeil), bis die gewünschte Maschenzahl auf den Nadeln ist.

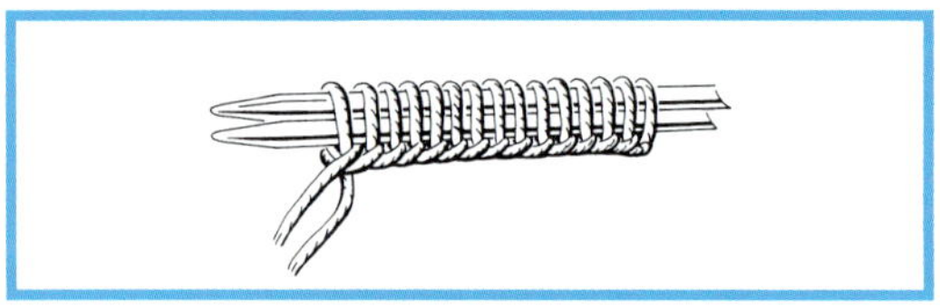

Zeichnung 3:
Hier sieht man, wie die Maschen des einfachen Kreuzanschlages auf den Nadeln liegen. Der Maschenanschlag wird mit zwei Nadeln ausgeführt, damit er nicht zu fest wird.
Zum Stricken zieht man eine Nadel heraus.

Stricken in Reihen

Die Nadel mit den Schlingen (Maschen) nimmt man in die linke Hand und wickelt hier den Faden zweimal um den Zeigefinger, führt ihn über die innere Handfläche zwischen Ringfinger und kleinem Finger wieder nach außen. Die andere Nadel nimmt man in die rechte Hand und beginnt die Strickerei mit der zuletzt angeschl. Masche.

Stricken in Runden

Für größere Modelle schlägt man die Maschen mit den zwei Nadelenden einer entsprechend langen Rundstricknadel an, zieht ein Nadelende heraus und beginnt die Strickerei mit der zuerst angeschlagenen Masche. Für kleinere Modelle z.B. Handschuhe oder Strümpfe benutzt man ein Nadelspiel. Man nimmt zweimal zwei Nadeln des Spiels und schlägt mit jedem Nadelpaar jeweils die Hälfte der benötigten Maschen an. Dann zieht man vom ersten Nadelpaar eine Nadel heraus und strickt mit dieser Nadel die Hälfte der Maschen ab. Die folgenden Maschen strickt man mit der 5. Nadel ab. Die Maschen des zweiten Nadelpaares werden auf die gleiche Weise auf zwei Nadeln verteilt. Alle Maschen befinden sich nun gleichmäßig verteilt auf vier Nadeln. Mit der fünften Nadel werden die Maschen jeweils abgestrickt.
Beim Stricken der ersten Runde muß man besonders darauf achten, daß der Maschenanschlag nicht verdreht wird.

Randmaschen

Nach dem Maschenanschlag, der meist den unteren Rand bildet, folgen die seitlichen Ränder. Wir zeigen Ihnen zwei Möglichkeiten für das Stricken der Randmaschen.

Zeichnung 4:
Für den Knötchenrand hebt man die erste Masche wie zum Rechtsstricken ab. Die letzte Masche strickt man rechts.

Zeichnung 5:
Für den Kettenrand hebt man die erste Masche wie zum Linksstricken ab. Die letzte Masche strickt man rechts.

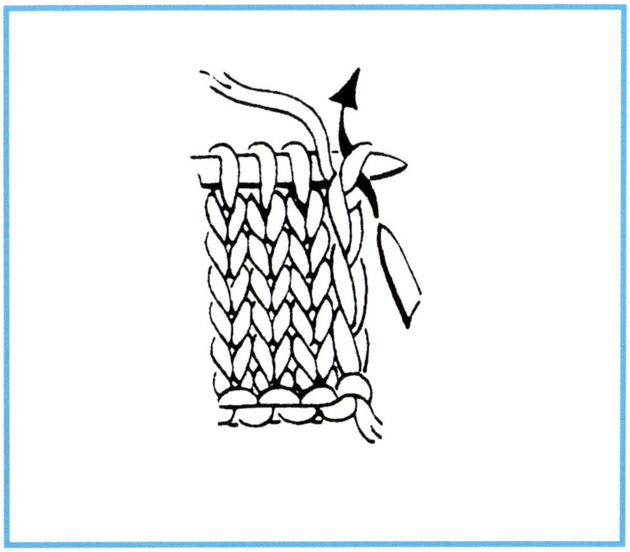

Abketten

Den oberen Rand bildet meist der Abkettrand. Zwei Varianten für das Abketten der offenen Maschen wollen wir Ihnen zeigen.

Zeichnung 6:
Beim Abketten mit Stricknadeln hebt man die Randmasche wie beschrieben ab, strickt die 2.Masche und zieht die abgehobene Masche über die 2.Masche. Dann strickt man die folgende Masche und zieht die vorhergehende Masche darüber. Diesen Arbeitsgang wiederholt man, bis alle Maschen abgekettet sind. Die Maschen sollten dabei mustergemäß gestrickt werden.

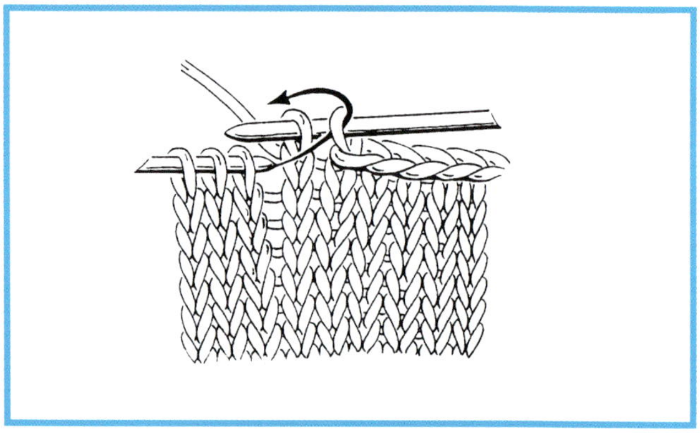

Zeichnung 7:
Hier zeigen wir das Abketten mit der Häkelnadel. Dafür nimmt man die 1.Masche auf die Häkelnadel, sticht in die 2.Masche ein und zieht den Faden gleichzeitig durch die Masche und die Schlinge auf der Häkelnadel. Dieser Arbeitsgang wird wiederholt, bis alle Maschen abgenommen sind.

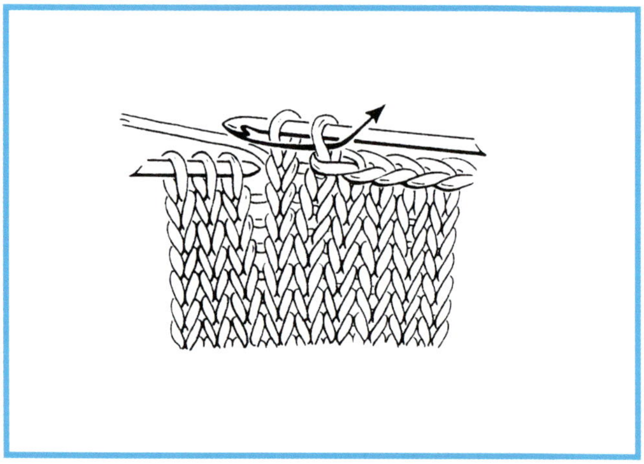

Maschenprobe

Haben Sie sich ein Muster ausgesucht, stricken Sie ein reichlich 10 cm im Quadrat großes Strickstück. Dieses gestrickte Probestück dient als Grundlage zur Berechnung der Maschenprobe. Sie gibt an, wieviel Maschen und Reihen in Breite und Höhe jeweils 10 cm ergeben. Zum Zählen der Maschen und Reihen wird ein Lineal, Metermaß oder Zählrahmen waagerecht im Maschenverlauf und senkrecht im Verlauf der Reihen angelegt, wie es die Zeichnung 8 zeigt. Die Berechnungen in unseren Modellbeschreibungen können Sie nur verwenden, wenn Ihre Maschenprobe mit der angegebenen übereinstimmt. Auch bei gleichem Garn kann die Probe anders ausfallen. Ist Ihr Maschenbild zu locker, nehmen Sie eine dünnere Nadel. Wird Ihre Probe zu fest, verwenden Sie eine stärkere Nadel. Können Sie Ihre Maschenprobe nicht angleichen, möchten Sie ein anderes Muster stricken oder brauchen Sie eine andere Modellgröße, dann berechnen Sie die Schnittform selbst. Elastische Muster müssen etwas ausgedehnt gemessen werden.

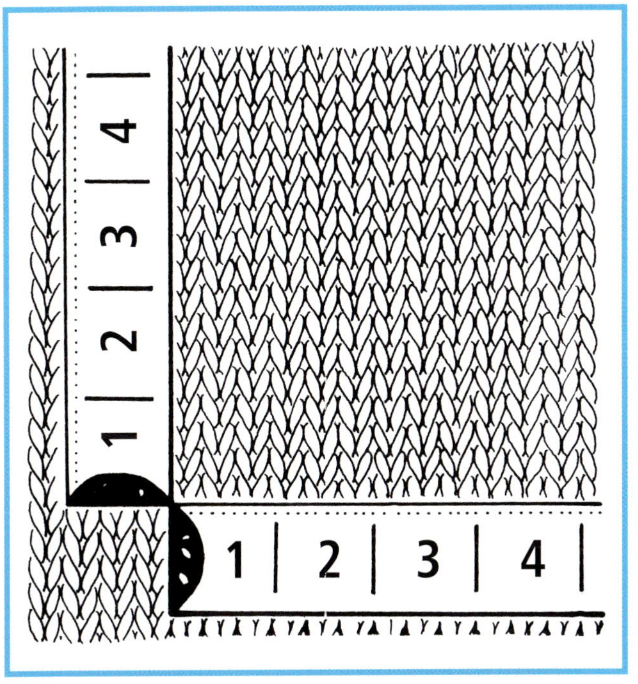

Berechnung der Schnittform

Nach der ermittelten Maschenprobe werden der Maschenanschlag und die Schnittform berechnet. Dafür sind im Schnitt rechtwinklig zueinander stehende Hilfslinien einzuzeichnen, die dem Maschen- und Reihenverlauf entsprechen, wie es die Zeichnung 9 zeigt. Für jede Länge dieser Hilfslinien lassen sich nun die zu strickenden Maschen und Reihen berechnen und wieviele Maschen zur Bildung der Schnittform zu- oder abgenommen werden müssen. Die Maschen werden rechts oder links herausgestrickt oder zusammengestrickt, wie es die folgenden Beispiele zeigen und dann in das entsprechende Muster eingefügt.

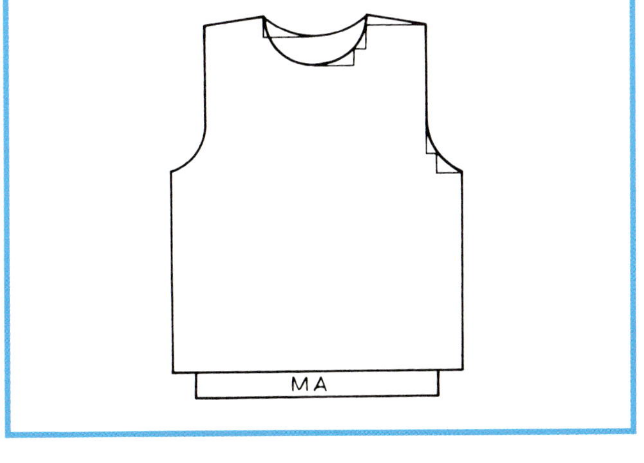

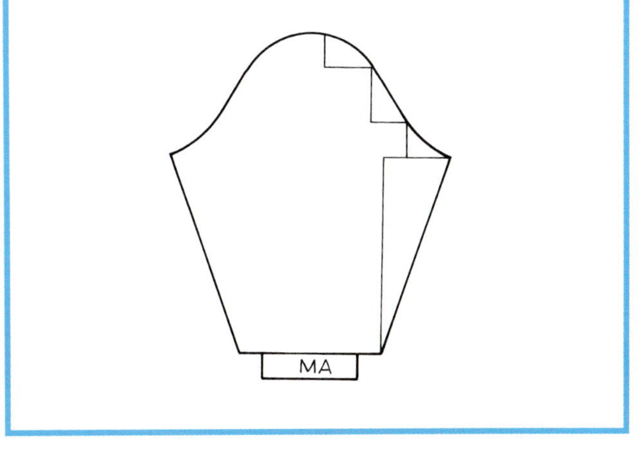

Zunehmen von Maschen am Rand

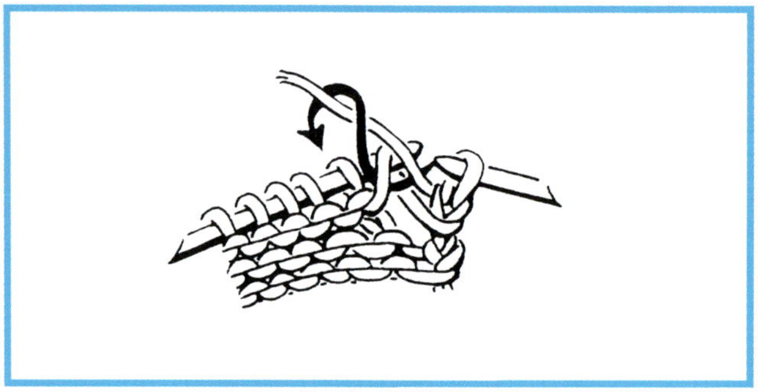

Zeichnung 10:
Aus dem Verbindungsfaden neben der Randmasche 1 Masche links herausstricken.

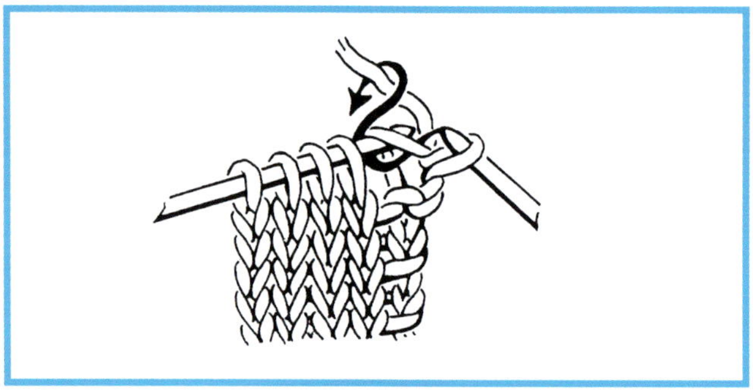

Zeichnung 11:
Aus der Randmasche 2 Maschen herausstricken, 1 Masche rechts und 1 Masche rechts verschränkt.

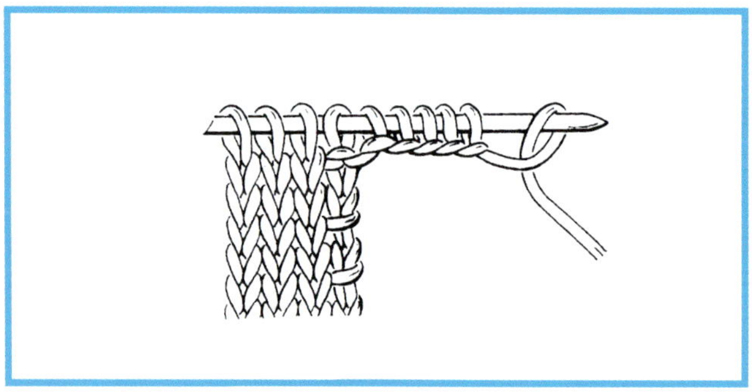

Zeichnung 12:
Mehrere Maschen am Ende der R gleichzeitig zunehmen durch Anschlingen auf die Nadel. Dafür bildet man mit dem Faden eine Schlinge, hebt diese verdreht auf die Nadel, zieht sie auf Maschengröße fest und wendet zum Weiterstricken.

Abnehmen von Maschen am Rand

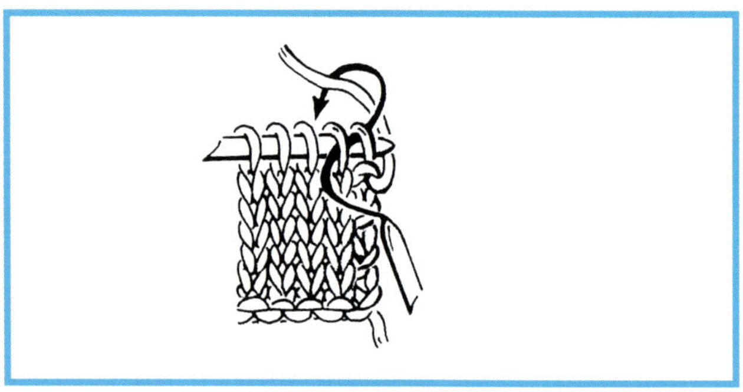

Zeichnung 13:
Die Randmasche mit der danebenliegenden Masche rechts zusammenstricken.

Ausschnittblenden

Erst nach dem Zusammennähen der Pulloverteile wird die Ausschnittblende gearbeitet. Zuerst sollte man den Halsausschnitt messen, eine kleine Maschenprobe stricken und den Maschenanschlag berechnen. Elastische Muster werden etwas ausgedehnt gemessen. Für das Arbeiten der Blenden gibt es verschiedene Varianten.
Will man die Blende gleich anstricken, werden aus den Randmaschen des Ausschnittrandes von rechts die entsprechenden Maschen herausgeholt.

Durch die Abnehmestellen am Halsausschnitt kann jedoch der Blendenbeginn unsauber aussehen.
Deshalb sollte man dem Ausschnittrand eine Kettenstichreihe aufsticken und die M aus den Kettenstichen herausholen, wie es die Zeichnung a zeigt.
Eine weitere Möglichkeit für das Anarbeiten der Blenden zeigt die Zeichnung b.
Nach genauer Berechnung des Maschenanschlages strickt man die Blende im entsprechenden Muster.

Zuletzt werden die Maschen auf der Nadel gelassen oder auf einen andersfarbigen Faden gezogen und mit Steppstichen aufgenäht.
Bei jedem Steppstich werden 2 offene Maschen gefaßt.
Für den V-Ausschnitt ist die Bildung der Spitze entscheidend. Beim Anstricken an den Ausschnittrand werden dem Muster und dem Winkel entsprechend Maschen zusammengestrickt. Will man die Blende am äußeren Rand beginnen, werden zur Bildung der Spitze Maschen zugenommen.

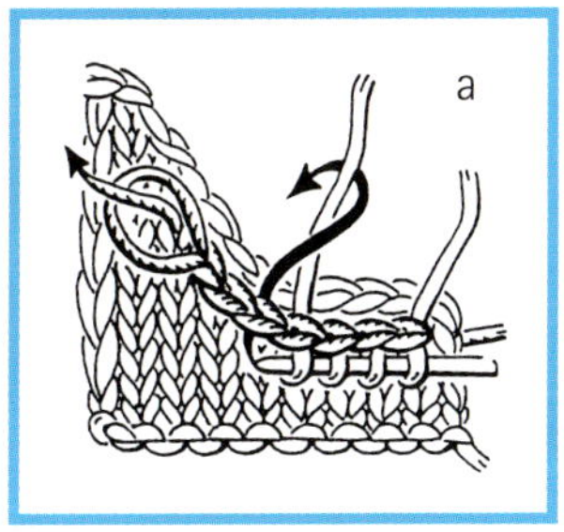

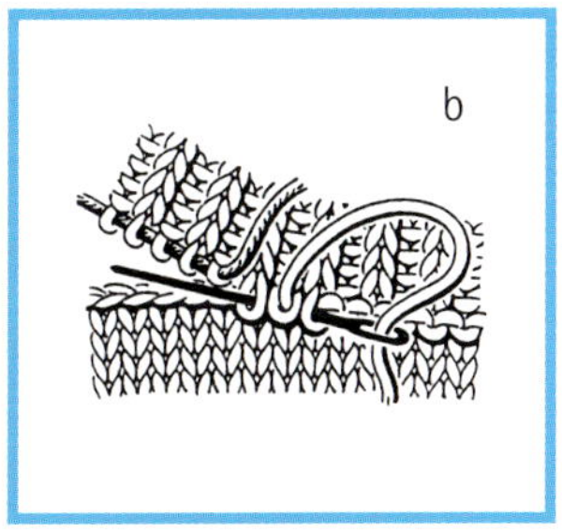

Rippenmusterblende 1

In R oder Rd abw. 1 M re und 1 M li str. In der Mitte liegt 1 re M. Zur Bildung der Spitze in jeder Hin-R bzw. in der 1.Rd, dann in jeder 2.Rd vor der Mittel-M 3 M li verschränkt zusammenstr., nach der Mittel-M 3 M li zusammenstr.

Rippenmusterblende 2

In R oder Rd abw. 2 M re und 2 M li str. In der Mitte liegen 2 re M. Zur Bildung der Spitze in jeder Hin-R bzw. in der 1.Rd, dann in jeder 2.Rd die 1. Mittel-M mit den 2 davorliegenden M re zusammenstr. und die 2. Mittel-M mit den 2 folgenden M überzogenzusammenstr., d.h. 1 M wie zum Rechtsstr. abheben, 2 M re zusammenstr. und die abgehobene M darüberziehen.

Perlmusterblende 3

In R und Rd abw. 1 M re und 1 M li str. In jeder R bzw. Rd das Muster versetzen. Nur in der Mitte 1 M glatt re str. Zur Bildung der Spitze in jeder Hin-R, bzw. in der 1.Rd, dann in jeder 2.Rd vor den mittleren 3 M 2 M li verschränkt zusammenstr. Dann die 3 mittleren M zusammenstr., d.h. die Mittel-M mit der davorliegenden M zusammen wie zum Rechtsstr. abheben,die folgende M re str. und die abgehobenen M darüberziehen. Die folgenden 2 M li zusammenstr. In den Rück-R die Mittel-M li und beiderseitig 1 M re str. In Rd die Mittel-M re und beiderseitig 1 M li str.

Kraus gestrickte Blende 4

In den Hin-und Rück-R re M str., in Rd abw. 1Rd re M und 1Rd li M str. Zur Bildung der Spitze in jeder Hin-R, bzw. in der 1.Rd, dann in jeder 2.Rd 5 M zusammenstr. Dafür die Mittel-M mit den 2 davorliegenden M zusammen wie zum Rechtsstr. abheben, die 2 folgenden M re zusammenstr. und die abgehobenen M darüberziehen.

Kraus gestrickte Blende mit Zopf 5

In den Hin-und Rück-R re M str., in Rd abw. 1Rd re M und 1Rd li M str. Nur in der Mitte für den Zopf über 4 M glatt re str., und die M in der 3., 7. und 11. R bzw. Rd verkreuzen. Dafür 2 M auf 1 Hilfsnadel nach hinten nehmen, 2 M re str., dann die M von der Hilfsnadel re str. Zur Bildung der Spitze in den Hin-R vor dem Zopf 2 M li verschränkt zusammenstr., nach dem Zopf 2 M li zusammenstr. In den Rück-R vor dem Zopf 2 M re verschränkt zusammenstr., nach dem Zopf 2 M re zusammenstr. In Rd stets wie in den Hin-R beschrieben str.

Glatt rechts gestrickte Blende 6

In den Hin-R re M, in den Rück-R li M, in Rd stets re M str. Am oberen Rand beginnen. Zur Bildung der Spitze in jeder R bzw. Rd beiderseitig von 2 Mittel-M 1 Umschlag bilden und die zugenommenen M dem Muster einfügen.

Raglanschrägungen

Raglanschrägungen enthalten das schnittgemäße Abnehmen und können durch verschiedene Muster betont werden.

Man kann zu Beginn des Raglans alle Maschen vereinigen und das Abnehmen an 4 Stellen vornehmen. Eine zweite Möglichkeit besteht darin, die Teile einzeln in Form zu stricken und auch an den Raglanlinien Nähte auszuführen. Und eine dritte Variante ist, das Strickteil am Halsausschnitt zu beginnen und die Raglanlinie durch das Zunehmen von Maschen zu erzielen.

Raglanschrägung 1

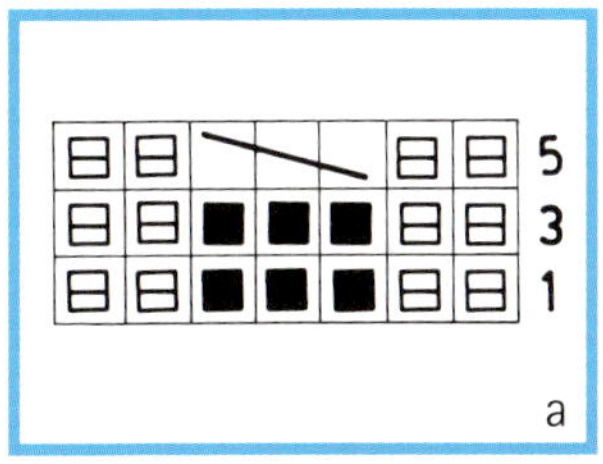

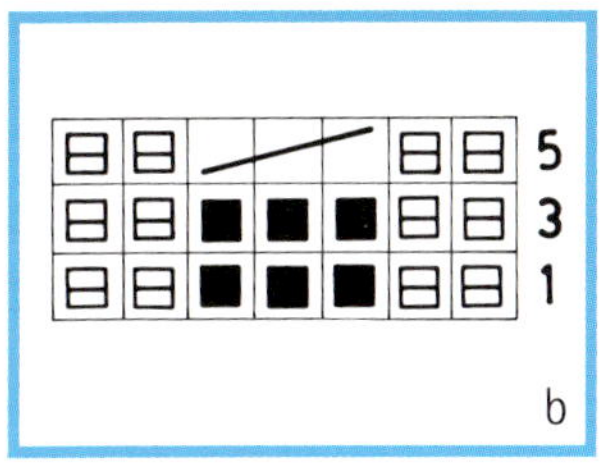

Die Raglanbetonung am Anfang der R nach der Strickschrift a, am Ende der R nach der Strickschrift b str. In den nichtgegebenen Rück-R die M so str, wie sie erscheinen. Die 1.-6. R wiederholen. Für die Raglanschrägungen am Anfang jeder Hin-R die letzte M der Raglanbetonung mit der folgenden M li zusammenstr, am Ende jeder Hin-R die 1.M der Raglanbetonung mit der davorliegenden M li zusammenstr. Beim Schließen der Raglannähte die M von rechts aneinandernähen.

Raglanschrägung 2

Die Raglanbetonung in R bzw. Rd nach der Strickschrift str. In den nichtgegebenen Rück-R bzw. Rd die M so str, wie sie erscheinen. Die 1.-12. R bzw. Rd wiederholen. Für die Raglanschrägungen in jeder 2. und 3. Hin-R die 1.M der Raglanbetonung mit der davorliegenden M re zusammenstr, die letzte M der Raglanbetonung mit der folgenden M überzogen zusammenstr. In Rd die Abnehmestellen abw. 1mal in der 4.Rd und 1mal in der 2.Rd str.

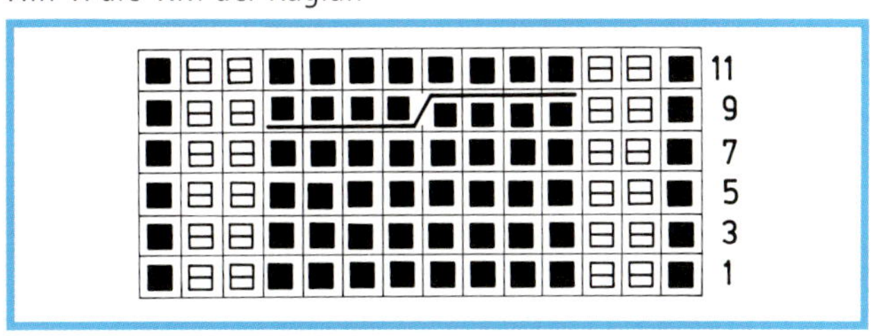

Raglanschrägung 3

Für die Raglanbetonung 3M obenauf re str. Die Raglanschrägung am oberen Rand beginnen und in jeder Hin-R bzw. in jeder 2.Rd beiderseitig der Raglanbetonung je 1 Umschlag bilden.
Die zugenommenen M dem Grundmuster einfügen.

Raglanschrägung 4

Für die Raglanbetonung 2 M obenauf re str. Die Raglanschrägung am oberen Rand beginnen. In jeder 2. Hin-R bzw. in jeder 4. Rd beiderseitig der Raglanbetonung je 1 Umschlag bilden.
In der folgenden R bzw. Rd aus diesem Umschlag mustergemäß 1 M re und 1 M re verschränkt bzw. 1 M li und 1 M li verschränkt herausstr.
In der folgenden R bzw. Rd diese M dem Muster einfügen.

Raglanschrägung 5

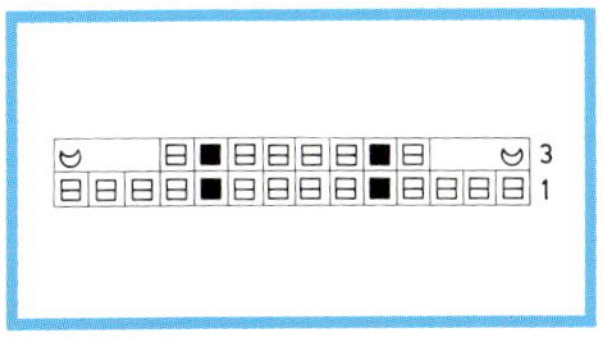

Die Raglanbetonung nach der Strickschrift str. In den nichtgegebenen Rück-R bzw. Rd die M so str., wie sie erscheinen. Nur die Noppen-M in R re str. und in Rd li str. Die leeren Flächen haben für das Stricken keine Bedeutung. Die Strickschrift gibt zugleich das Abnehmen.

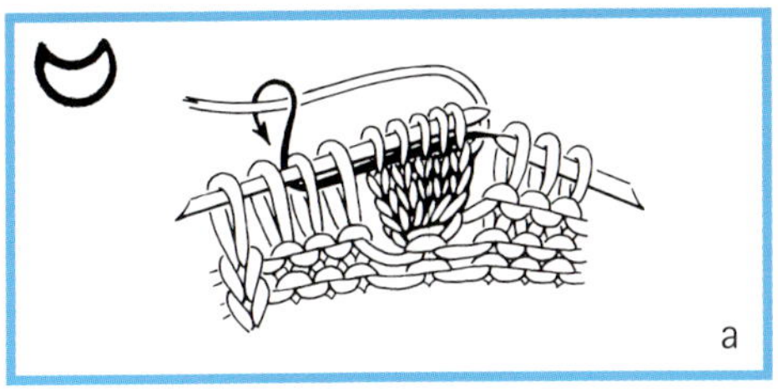

a

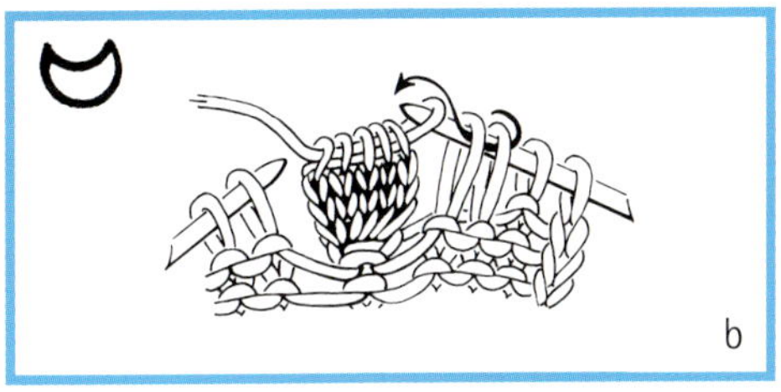

b

Für die Noppe aus 1M 5M herausstr., dafür abw. 1 Schlinge holen und 1 Umschlag bilden, zuletzt noch 1 Schlinge holen, wenden, die 5 herausgestr. M li str., wenden, die M re str., wenden, die M li str., wenden und vor der Raglanbetonung die Noppen-M mit den 2 folgenden M re verschränkt zusammenstr. (Zeichnung a).
Nach der Betonung zunächst 2M zusammen wie zum Linksstricken abheben, dann die Noppe str., die 5 Noppen-M re verschränkt zusammenstr. und die 2 abgehobenen M über die zusammengestr. Noppen-M ziehen (Zeichnung b).

Raglanschrägung 6

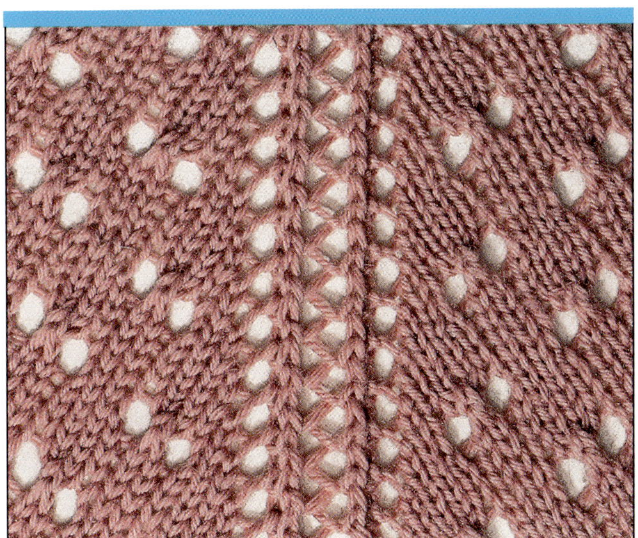

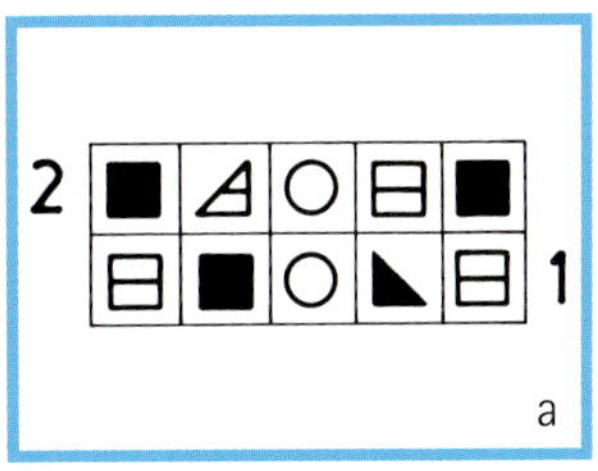

a

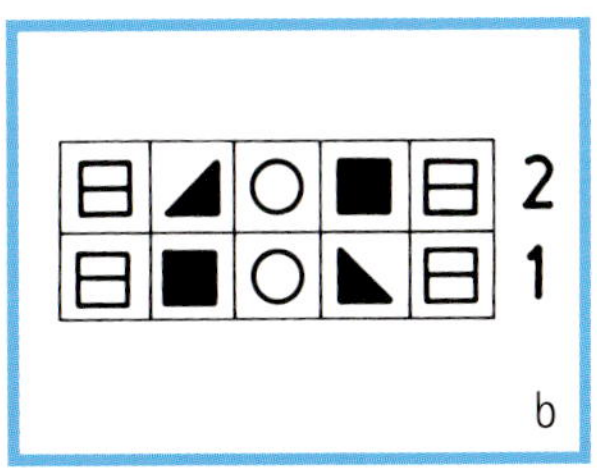

b

Die Raglanbetonung in R nach der Strickschrift a, in Rd nach der Strickschrift b str. Die 1. und 2. R bzw. Rd wiederholen. Die Raglanschrägung am oberen Rand beginnen. In jeder Hin-R bzw. in jeder 2.Rd beiderseitig der Raglanbetonung einen Umschlag bilden und diesen in der folgenden R bzw. Rd dem Muster einfügen.

Fertigstellen

Sind alle Teile fertig, spannt man sie den Schnittmaßen entsprechend mit der Rückseite nach oben auf. Die Ränder werden dicht mit Stecknadeln festgesteckt. Dann dämpft man vorsichtig durch ein feuchtes Tuch oder mit dem Dampfbügeleisen durch ein trockenes Tuch. Elastische Muster dürfen nicht gedämpft werden. Teile aus synthetischem Garn sollten nur angefeuchtet und erst nach dem Trocknen wieder abgenommen werden. Nach dem Heften und der Anprobe schließt man die Nähte von links mit Steppstichen. Sollen die Nähte besonders flach und ordentlich aussehen, nähen Sie die Teile von rechts zusammen, wie es die Zeichnung zeigt.

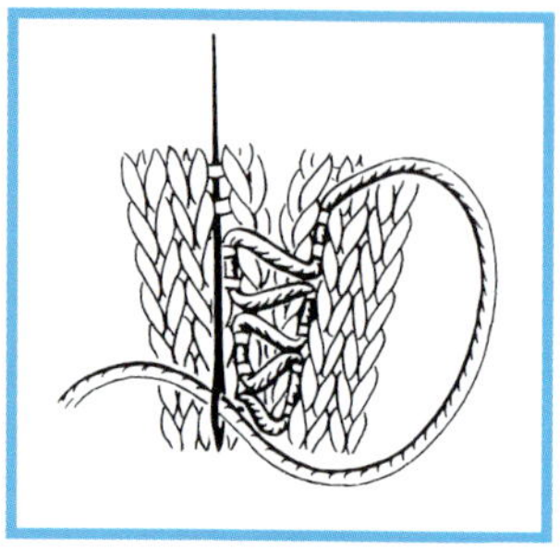

Tips zum Sockenstricken

Zeichnung 1

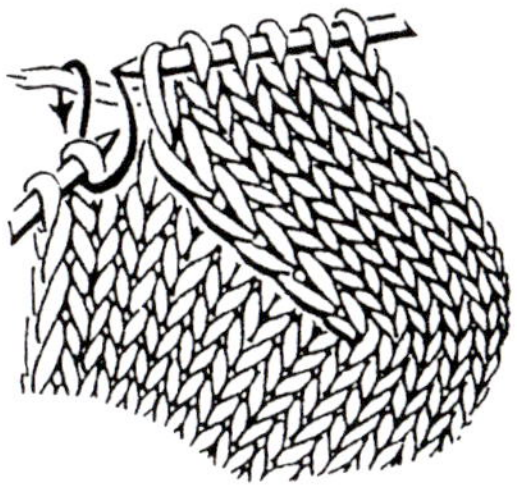

Für das Käppchen am Ende jeder Hinreihen 2 Maschen überzogen zusammenstr., d.h. 1 Masche wie zum Rechtsstricken abheben, 1 Masche rechts stricken und die abgehobene Masche darüberziehen.

Zeichnung 2

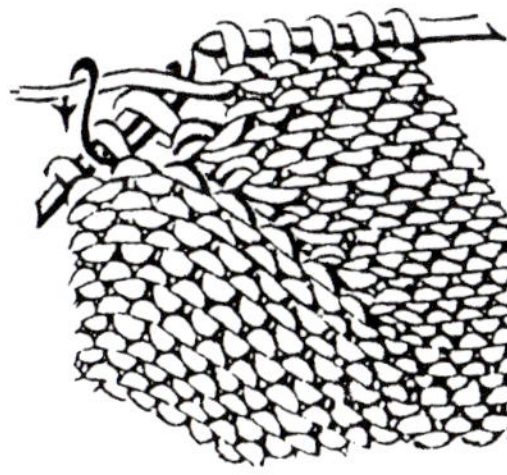

Für das Käppchen am Ende der Rückreihen 2 Maschen links zusammenstricken.

Zeichnung 3

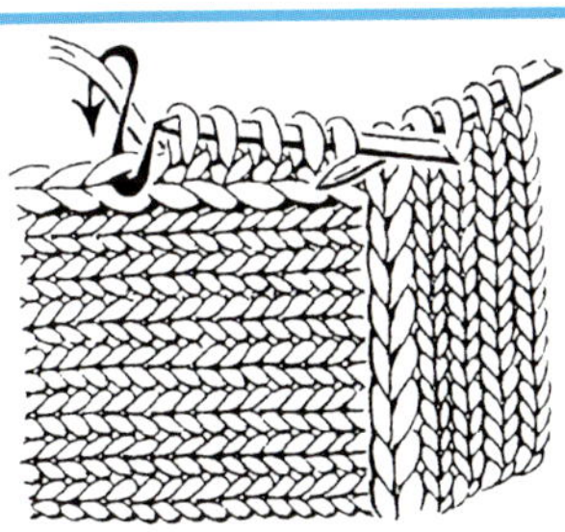

Jedes hintere Maschenglied der Randmaschen der Ferse aufnehmen.

Zeichnung 4

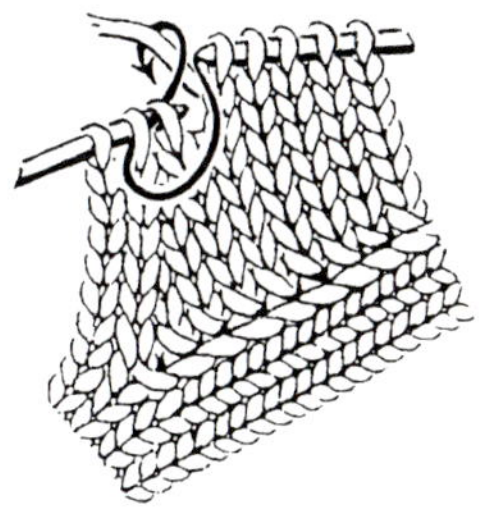

Für den Zwickel 2 Maschen rechts zusammenstricken bzw. auf der anderen Seite überzogen zusammenstricken.

Zeichnung 5

Für die Spitze Maschen abnehmen.

Zeichnung 6

Die letzten Maschen der Spitze zusammenziehen.

Arbeitsproben für das Stricken von Handschuhen

Zeichnung 1

Die Maschen für die Finger einteilen. Jeden Finger für sich in Runden stricken. Dabei die zunächst nicht gebrauchten Maschen auf einen Faden ziehen. Zwischen den Fingern je 2 Maschen anschlagen bzw. aus den angeschlagenen Maschen neue Maschen herausholen.

Zeichnung 2

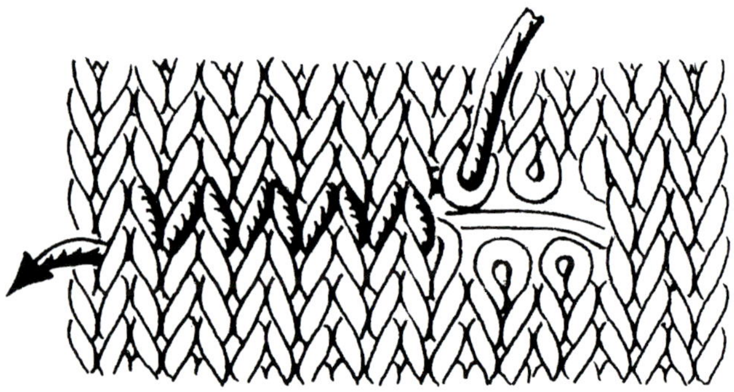

Für den Daumen den andersfarbigen Faden entfernen.

Zeichnung 2

Die Spitze für Fausthandschuhe.

Muster und Modelle

Rechts-Links-Muster

Sportlicher Pullover mit spitzem Ausschnitt. Das Zackenmuster besteht nur aus rechten und linken Maschen – eine einfache Arbeit auch für Strick-anfängerinnen.

Für Größe 38-40.

Pullover im Zackenmuster

Größe 38-40

Material:
Schachenmayr »Extra« (100% Schurwolle, Lauflänge: 50g = ca. 125 M), etwa 700g kirsche (Fb 3534), Stricknadeln und 1 Rundstricknadel Nr. 3 1/2.

Rippenmuster:
In R und Rd abw. 1 M li, 1 M re str.
M-Probe: 22 M = 10 cm.

Zackenmuster:
Nach der Strickschrift arbeiten. In den nichtgegebenen Rück-R die M so str., wie sie erscheinen. Den Mustersatz in der Breite wdh. Die 1.-20. R wdh.
M-Probe: 22 M / 30 R = 10 cm.

Vorder-und Rückenteil:
MA = je 58 cm (130 M + 2 Rand- M). Im Rippenmuster 2,5 cm (8 R) str. Anschließend im Zackenmuster weiterstr. Nach 50 cm (150 R) im Zackenmuster mit dem vorderen Ausschnitt beginnen. Ausschnittschrägungen:

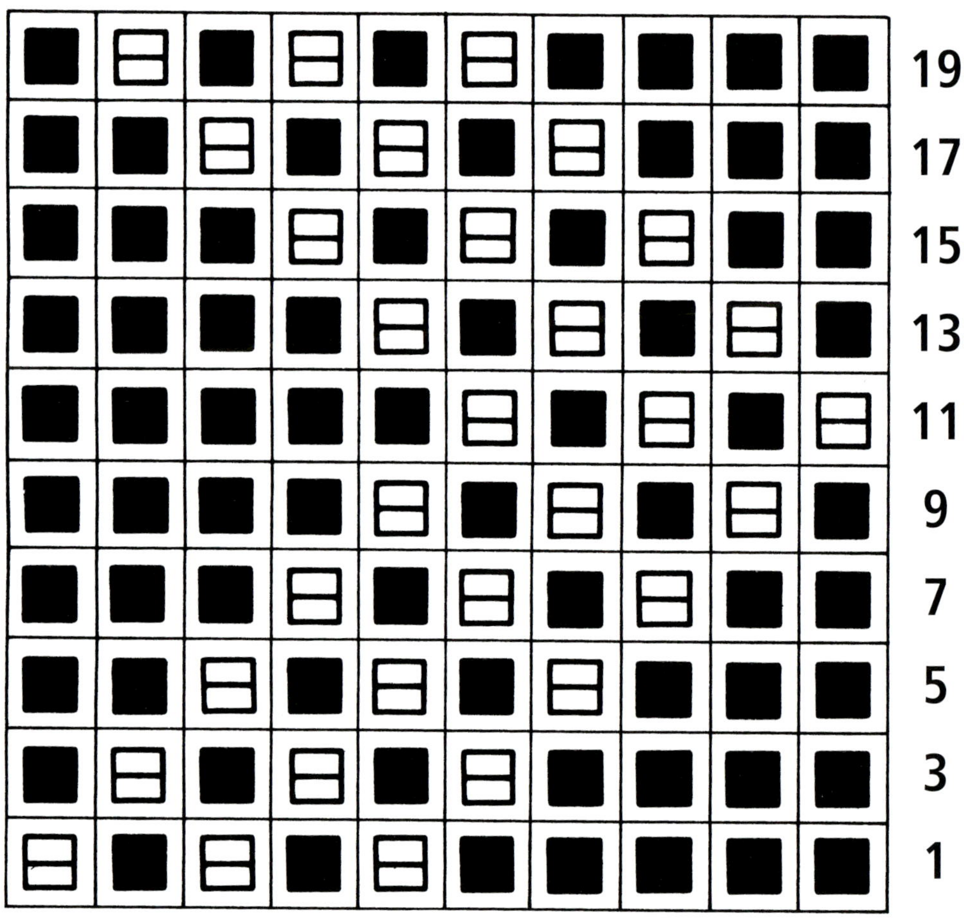

beiderseitig 20mal in jeder 3. R 1 M abn. Hinterer Halsausschnitt nach 66 cm (200 R) im Zackenmuster: die mittleren 22 M abk., beiderseitig in jeder 2. R 2mal 3 M und 3mal 1 M abn. Die restlichen M an der Schulter abk.

Ärmel:
MA = je 28 cm (60 M + 2 Rand- M). Im Rippenmuster 2,5 cm (8 R) str. Anschließend im Zackenmuster weiterstr. Ärmelschrägungen: beiderseitig 30mal in jeder 4. R 1 M zun. Nach 40 cm (120 R) im Zackenmuster alle 120 M abk.

Ausschnittblende:
MA = 64 cm (140 M). In Rd im Rippenmuster str. Zur Bildung der Spitze in jeder Rd die rechte Mittel-M mit der vorhergehenden M zusammen wie zum Rechtsstr. abheben, die folgende M re str. und die abgehobenen M darüberziehen. Nach 2,5 cm (8 Rd) die M abk.
Die Teile zusammennähen. Den MA der Blende mit Steppstichen auf den Ausschnittrand aufnähen (Zeichnung Seite 15).

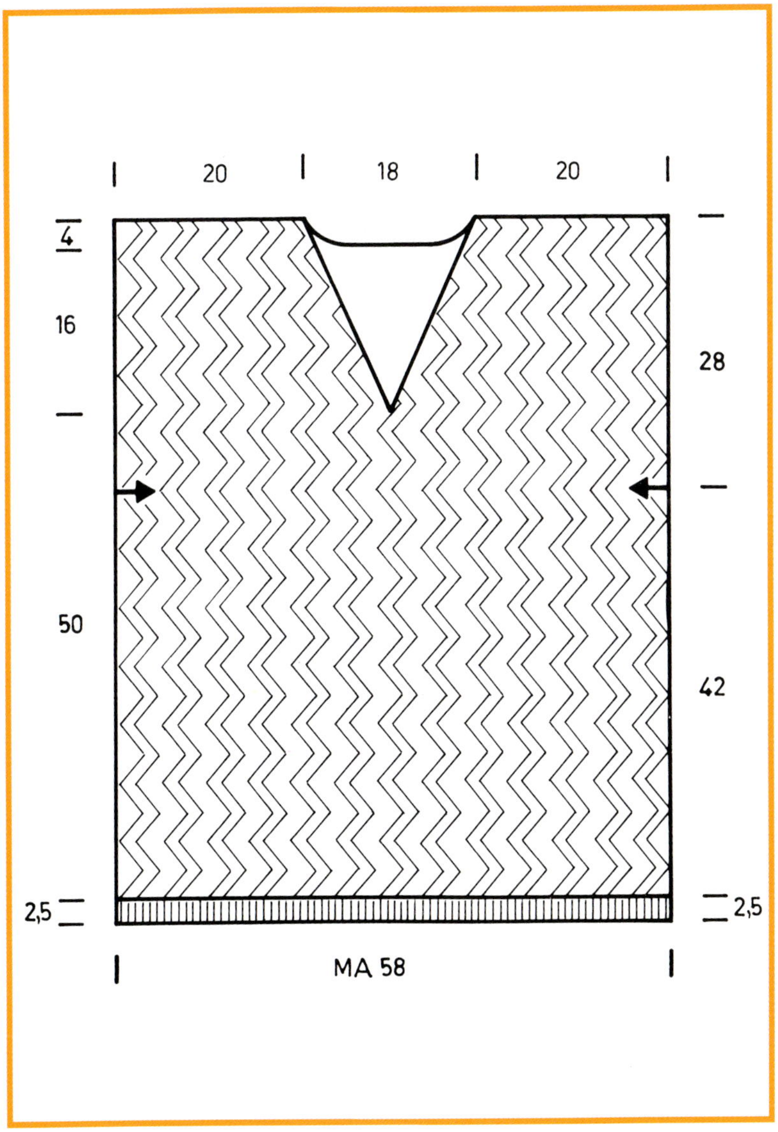

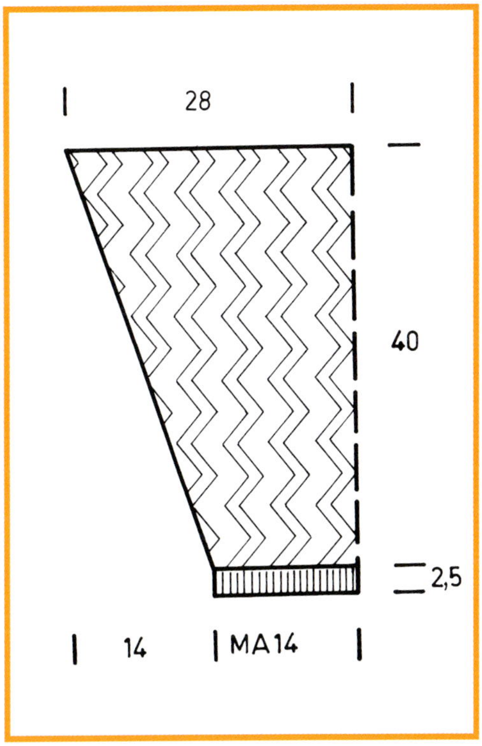

Rechts-Links-Muster 1

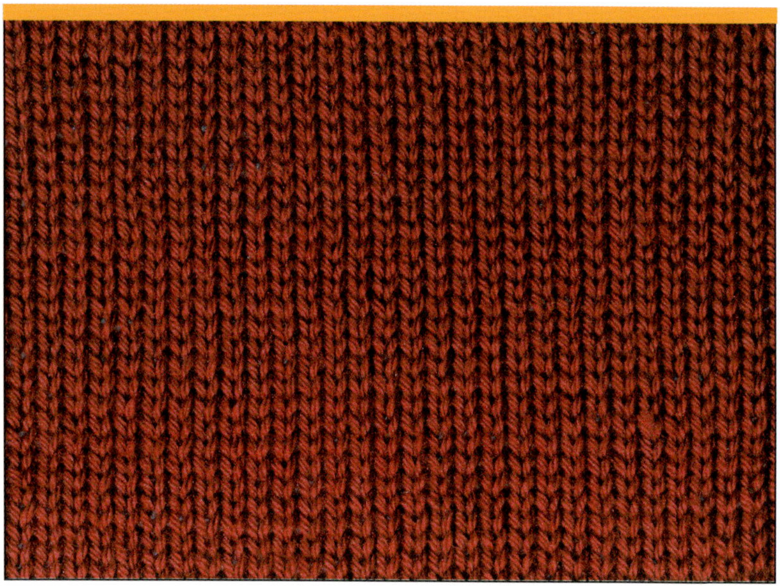

Glatt rechts:
1. R re str., 2. R li str.; 1. und 2. R stets wdh.
(siehe Strickschrift)

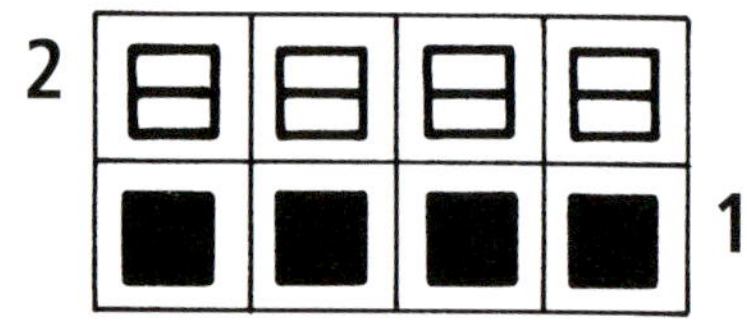

Rechts-Links-Muster 2

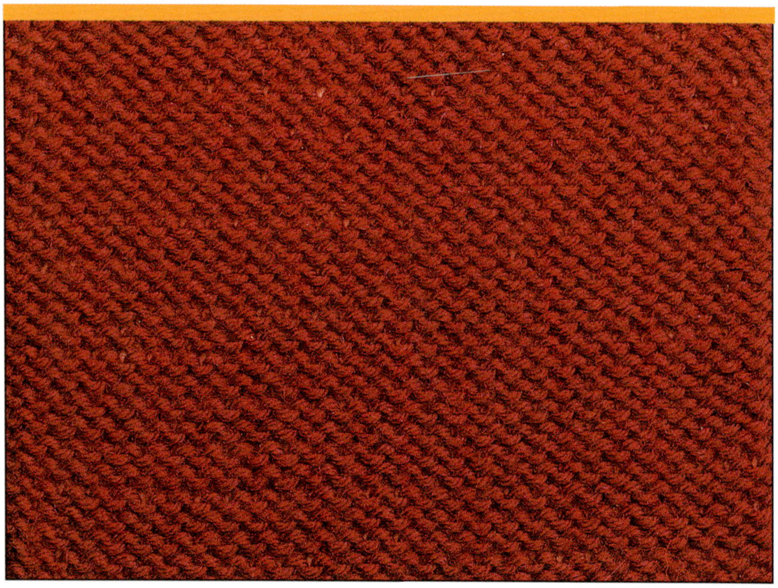

Glatt links:
1. R li str., 2. R re str.; 1. und 2. R stets wdh.
(siehe Strickschrift)

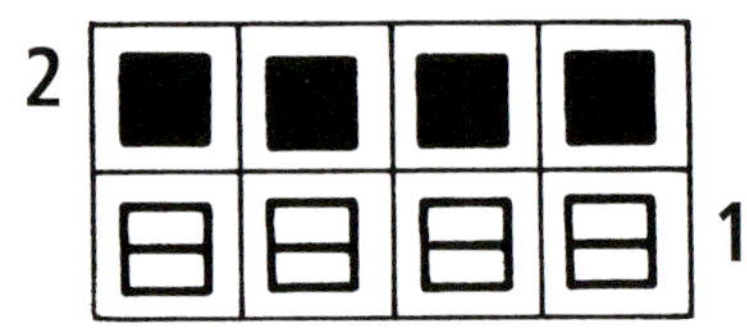

Rechts-Links-Muster 3

Verschränkte Maschen:
In der Breite sind 2 Mustersätze gegeben, die zu wdh. sind. Die 1. und 2. R wdh.

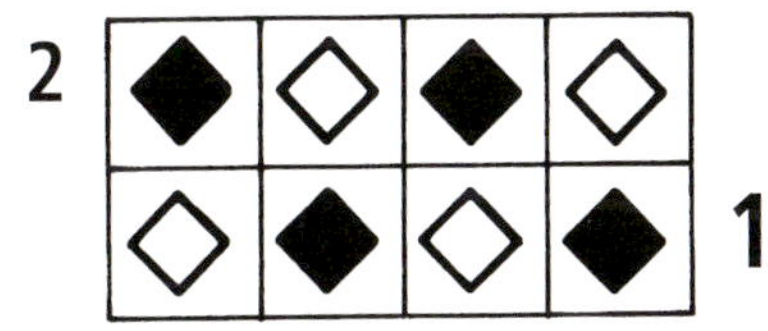

Rechts-Links-Muster 4

Kraus rechts:
Hin- und Rück-R rechts stricken (siehe Strickschrift).

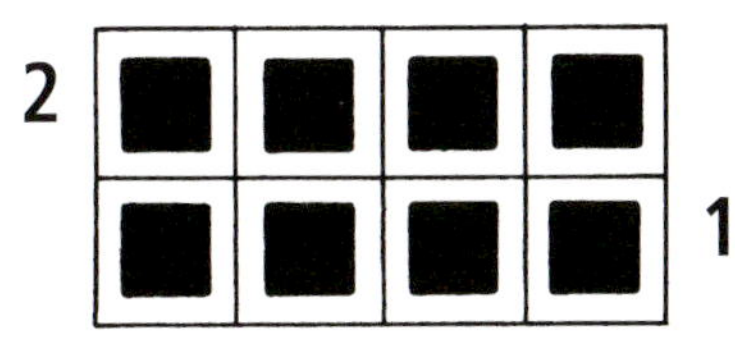

Rechts-Links-Muster 5

Kleines Rippenmuster:
1. R: 1 M re, 1 M li im Wechsel str. 2. R: 1 M li, 1 M re im Wechsel str. 1. und 2. R stets wdh.
Strickschrift:
In der Breite sind zwei Mustersätze gegeben, die zu wdh. sind. Die 1. und 2. R wdh.
Dieses Muster wird gern für Bündchen verwendet, weil es sich gut dehnt.

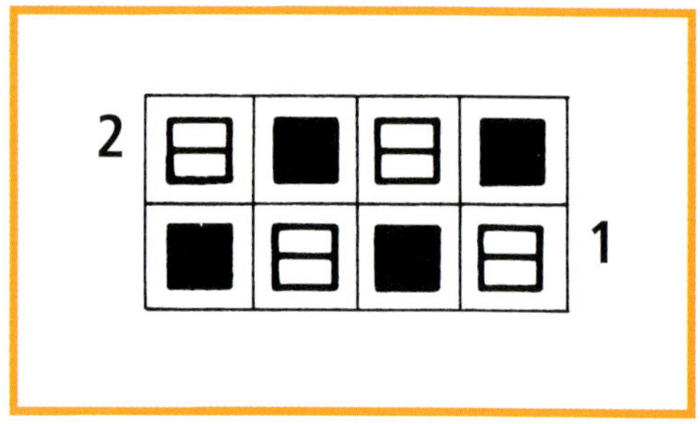

Rechts-Links-Muster 6

Großes Rippenmuster:
1. R: 2 M re, 2 M li im Wechsel str. 2. R: 2 M li, 2 M re im Wechsel str. 1. und 2. R stets wdh.
Strickschrift:
In der Breite ist ein Mustersatz gegeben, der zu wdh. ist. Die 1. und 2. R wdh.
Auch das große Rippenmuster läßt sich leicht dehnen und eignet sich gut für Bündchen.

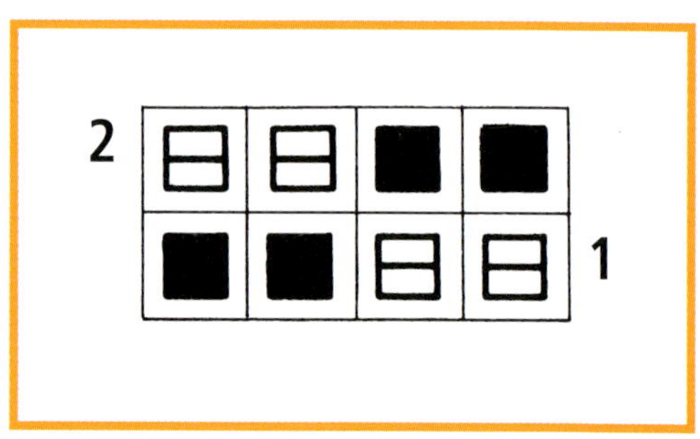

Rechts-Links-Muster 7

Kleines Perlmuster:
In der Breite sind zwei Mustersätze gegeben, die zu wdh. sind. Die 1. und 2. R wdh.

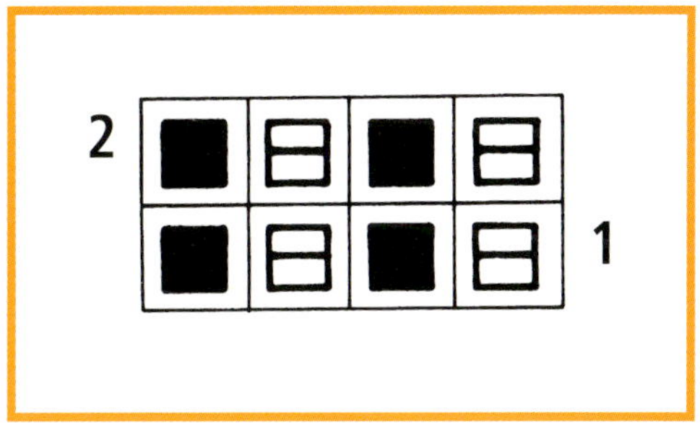

Rechts-Links-Muster 8

In der Breite sind zwei Mustersätze gegeben, die zu wdh. sind. Die 1.-4. R wdh.

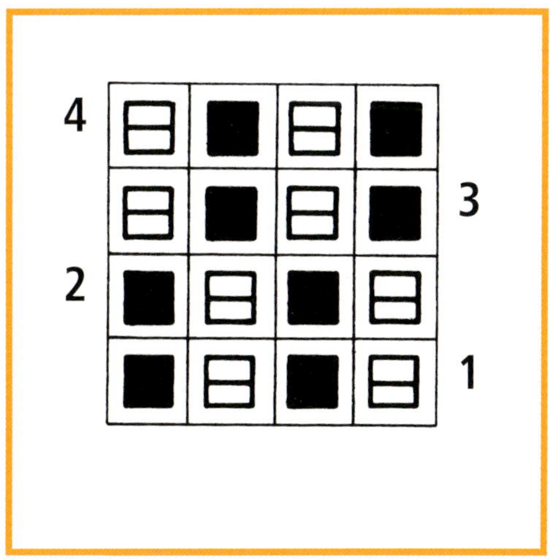

Rechts-Links-Muster 9

In der Breite ist ein Mustersatz gegeben, der zu wdh. ist. Die 1.-20. R wdh.

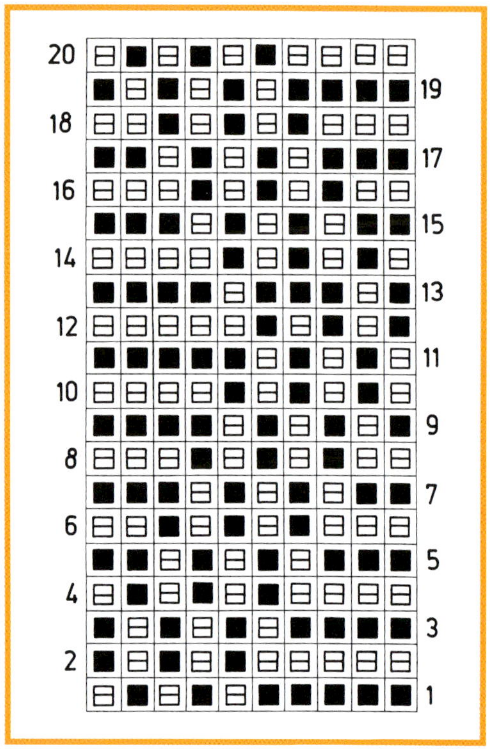

Rechts-Links-Muster 10

In der Breite ist ein Mustersatz gegeben, der zu wdh. ist. Die 1.-8. R wdh.

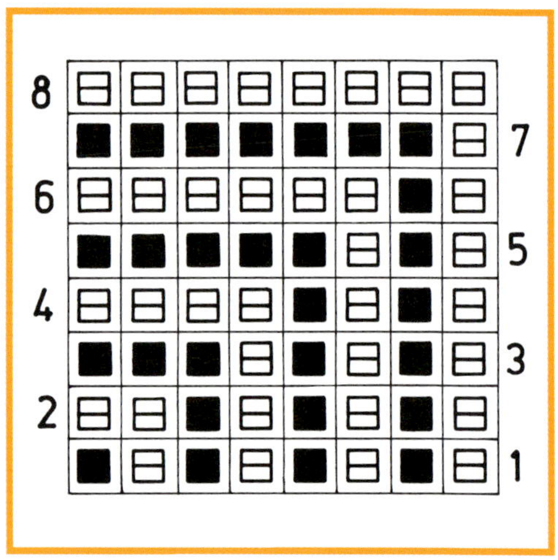

Rechts-Links-Muster mit Smokstickerei 11

In der Breite ist ein Mustersatz gegeben, der zu wdh. ist. Die 1. und 2. R wdh.
Die Spannstiche abbildungsgemäß versetzt nach je 10 R mit doppelfädigem Garn ausführen. Die M 4mal umstechen.

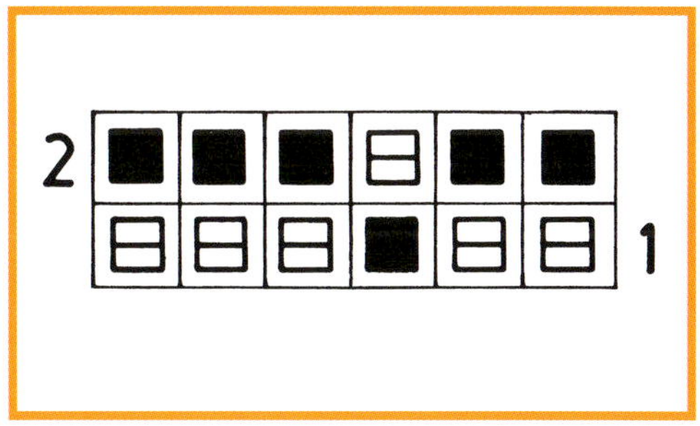

Rechts-Links-Muster mit Smokstickerei 12

In der Breite ist ein Mustersatz gegeben, der zu wdh. ist. Die 1. und 2. R wdh.
Die Spannstiche abbildungsgemäß versetzt nach je 10 R mit doppelfädigem Garn ausführen. Die M 4mal umstechen.

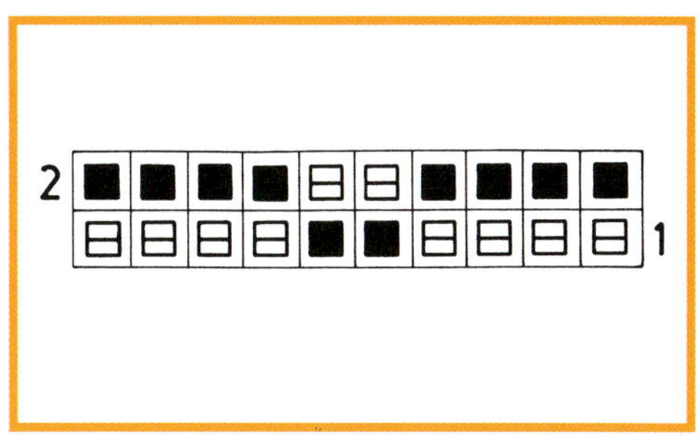

Patent- und Fangmus

r

Ein legerer Patentpullover, den »Mann« genauso tragen kann wie Frau. Hält herrlich warm an kalten Wintertagen! Für Größe 48-50.

Patentpullover mit Raglanärmeln

Größe 48-50

Material:
Schachenmayr »Extra« (100% Schurwolle, Lauflänge: 50g = ca. 125 M), etwa 1200 g mimose (Fb 3557), Stricknadeln und 1 Rundstricknadel Nr. 3 1/2

Rippenmuster:
In R und Rd abw. 1 M li, 1 M re str.; M-Probe: 26 M / 26 R bzw. Rd = 10cm.

Patentmuster:
Nach der Strickschrift a arbeiten. Die 3.-24. R wie 1. und 2. R, die 27.-48. R wie 25. und 26. R str. Die 1.-48. R wiederholen.

M-Probe: 24 M/48 R = 10cm.

Vorder- und Rückenteil:
MA = je 56 cm (144 M + 2 Rand- M). Im Rippenmuster 3 cm (10 R) str. Anschließend im Patentmuster weiterarbeiten. Nach 45 cm (216 R) für die Raglanschrägungen seitlich je 9 M dazu anschlagen. Für die Raglanbetonungen am rechten Rand nach der Strickschrift b, für die linke Betonung nach der Strickschrift c arbeiten.
Die 1. und 2. R wiederholen. Die Strickschriften geben

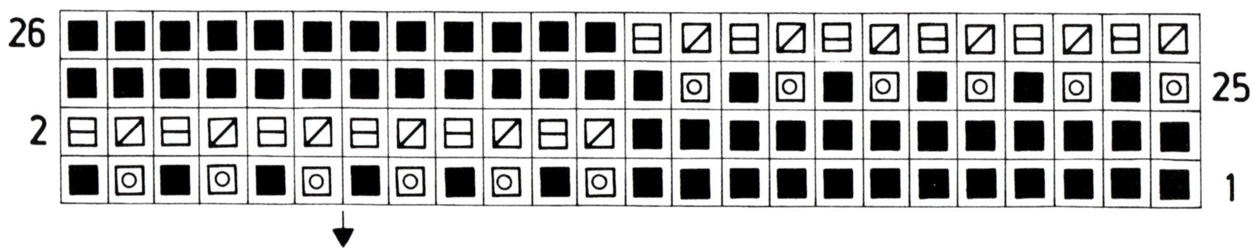

a

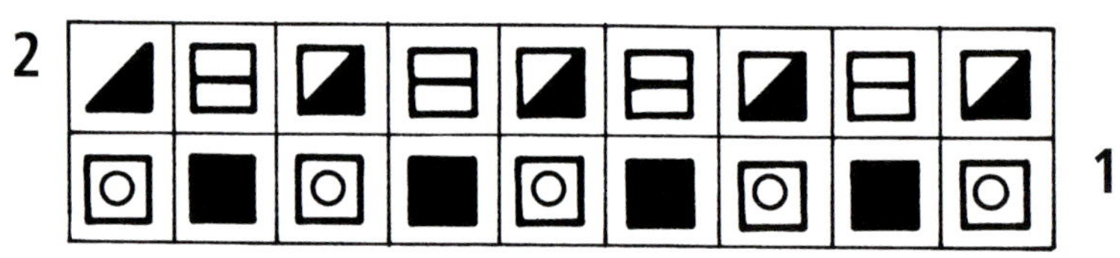

b

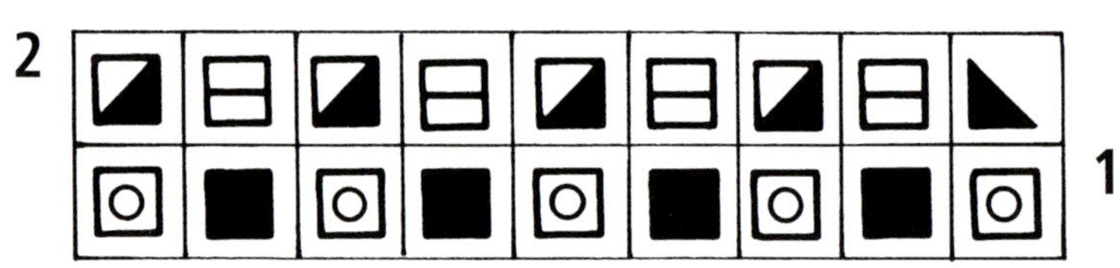

c

zugleich die Abnehmestellen. Die Raglanschrägungen sind nach 25 cm (120 R) beendet.
Vorderer Halsausschnitt: Nach 63 cm (306 R) die mittleren 12 M abk., beiderseitig 6mal in jeder 2. R 1 M abn. und 4mal in jeder 4. R 1 M abn., dann die 9 M abk. Am hinteren oberen Rand zuletzt die mittleren 24 M und die Raglanbetonungen (je 9 M) abn.

Ärmel:
MA= je 22 cm (60 M + 2 Rand- M). Im Rippenmuster 5 cm (18 R) str. Dann im Patentmuster weiterarbeiten. Bei Pfeil an der Strickschrift beginnen. Ärmelschrägungen: 12 R geradestr., dann beiderseitig 30mal in jeder 6. R 1 M zun. Für die Raglanschrägungen 60mal am Anfang und Ende jeder 2. R 2 M rechts zusammenstr.

Rollkragen:
MA = 42cm(112 M). Im Rippenmuster 22 cm (64 Rd) str. Zuletzt die M auf einen Faden ziehen und beim Zusammennähen dem Ausschnittrand mit Steppstichen aufnähen (Zeichnung Seite 15).

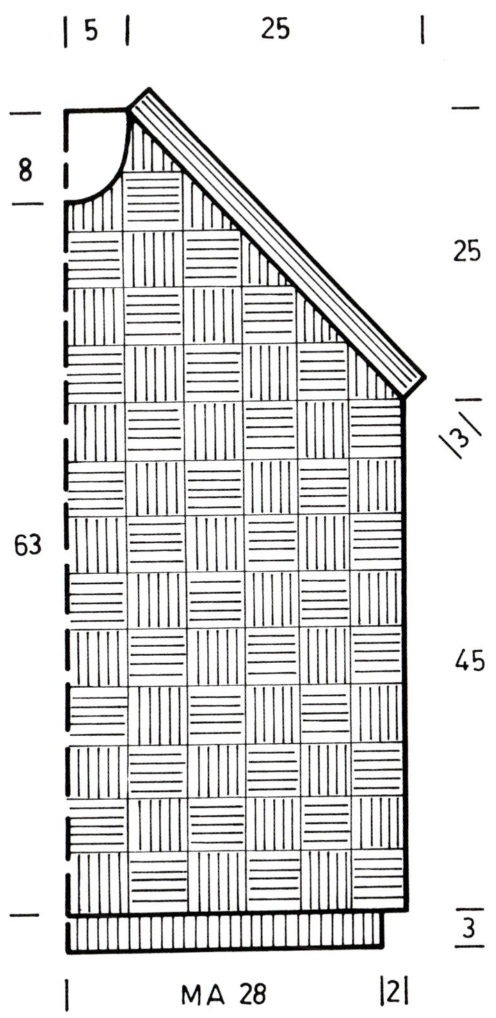

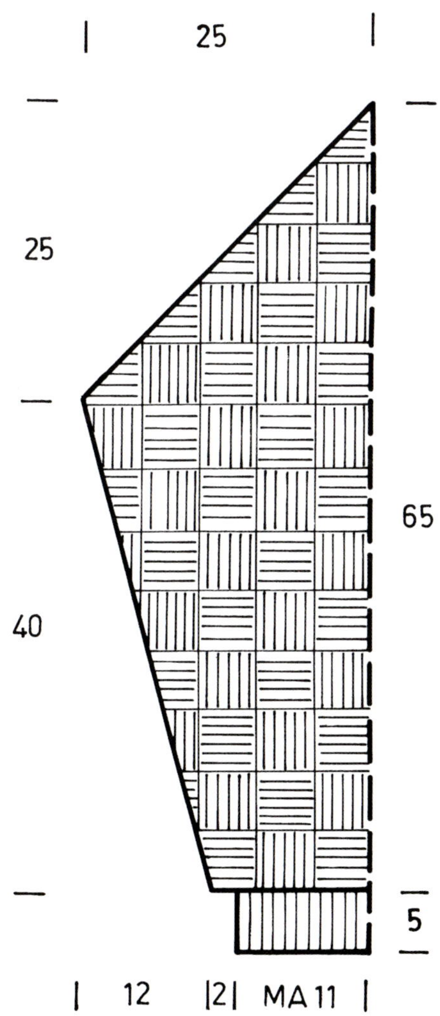

Patent-Muster 1

In der Breite sind zwei Mustersätze gegeben, die zu wiederholen sind.
Die 1. R nur zu Beginn der Arbeit str., dann stets die 2. und 3. R wiederholen.

Patent-Muster 2

Halbpatentmuster:
In der Breite sind zwei Mustersätze gegeben, die zu wiederholen sind. Die 1. R nur zu Beginn der Arbeit str. Die 2. und 3. R wiederholen.

Patent-Muster 3

Perlfangmuster:
In der Breite sind zwei Mustersätze gegeben, die zu wiederholen sind.
Die 1. und 2. R wiederholen.

Patent-Muster 4

Zweifarben-Patent:
Hierzu benötigt man Nadeln ohne Knöpfe oder Rundstricknadeln. Keine Rand-M zusätzlich arbeiten.Abw. 2 Hin-R und 2 Rück-R str:
1. Hin-R: Farbe A
2. Hin-R: Farbe B
1. Rück-R: Farbe A
2. Rück-R: Farbe B

In der Breite ist innerhalb der senkrechten Linien ein Mustersatz gegeben, der zu wiederholen ist, die M außerhalb der Linien nur am Anfang und Ende der R str. Die 3.-6. R wiederholen.

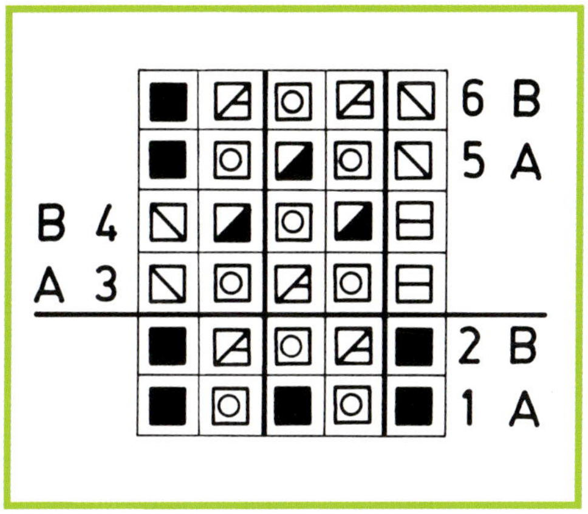

Patent-Muster 5

In der Breite ist ein Mustersatz gegeben, der zu wiederholen ist.
Die 1. und 2. R wiederholen.

Patent-Muster 6 (Netz-Patentmuster)

In der Breite sind zwei Mustersätze gegeben, die zu wiederholen sind.
Die 3.-6. R wiederholen.

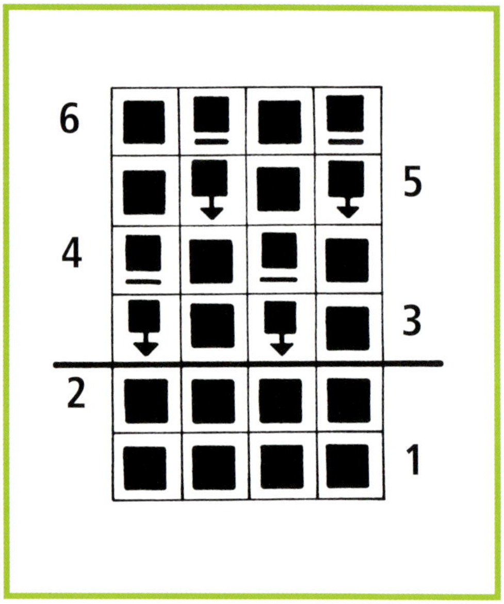

Patent-Muster 7

In der Breite ist ein Mustersatz gegeben, der zu wiederholen ist.
Die 2. und 3. R wiederholen

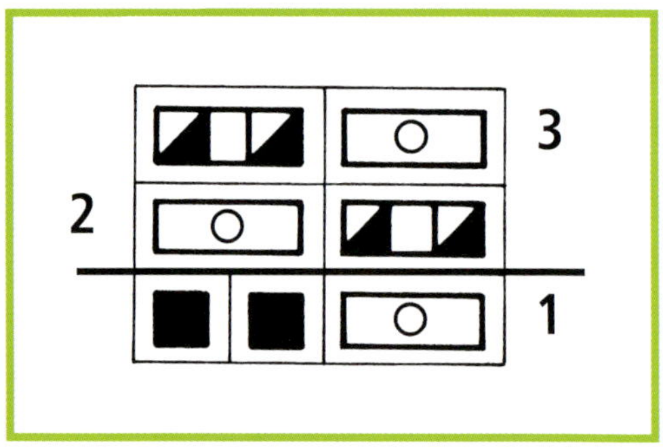

Patent-Muster 8

In der Breite ist innerhalb der Linien ein Mustersatz gegeben, der zu wiederholen ist. Die M außerhalb der Linien nur am Anfang und Ende der R str. Die 4.-11. R wie die 2. und 3. R str., die 15.-22. R wie die 13. und 14. R str. und die 26.-33. R wie die 24. und 25. R str. Die 12.-33. R wiederholen.

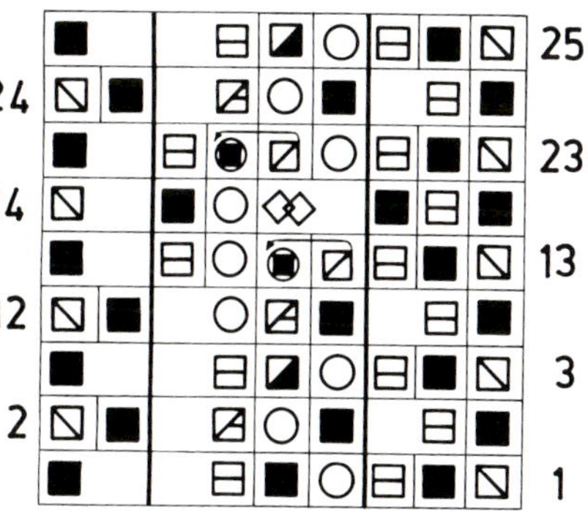

Patent-Muster 9

In der Breite ist ein Mustersatz gegeben, der zu wiederholen ist.
Die 5.-16 R wie die 3. und 4. R str., die 21.-32. R wie die 19. und 20. R str.
Die 1.-32. R wiederholen.

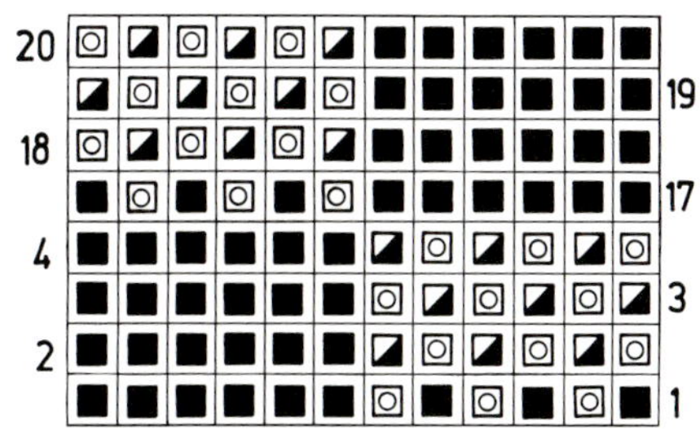

Fangmuster 1

In der Breite ist ein Mustersatz gegeben, der zu wiederholen ist. Die 1.–8. R wiederholen.

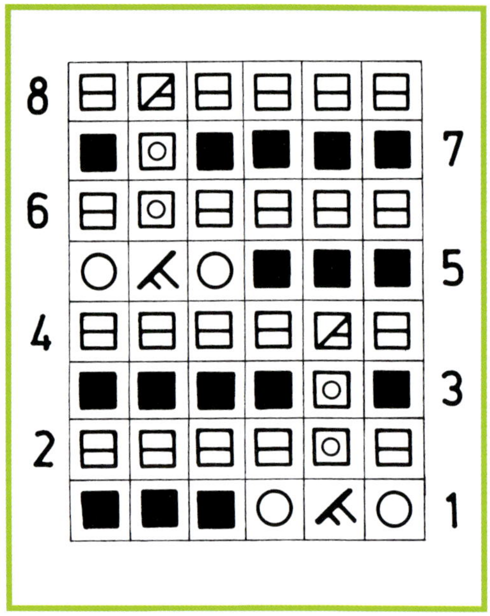

Fangmuster 2

In der Breite ist ein Mustersatz gegeben, der zu wiederholen ist. Die 4. und 5. R wie die 2. und 3. R str., die 10. und 11. R wie die 8. und 9. R str. Die 1.–12. R wiederholen.

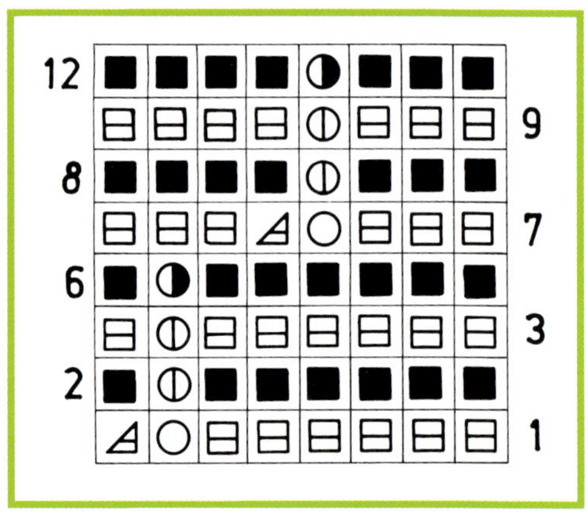

Fangmuster 3

In der Breite ist ein Mustersatz gegeben, der zu wiederholen ist. Die 5.-12. R wie 1.-4. R str., die 17.-24. R wie 13.-16. R str., die 29.-36. R wie 25.-28. R str. und die 41.-48. R wie die 37.-40. R str. Die 3.-50. R wiederholen. Farbfolge: abw. 2R Farbe A, 2R Farbe B.

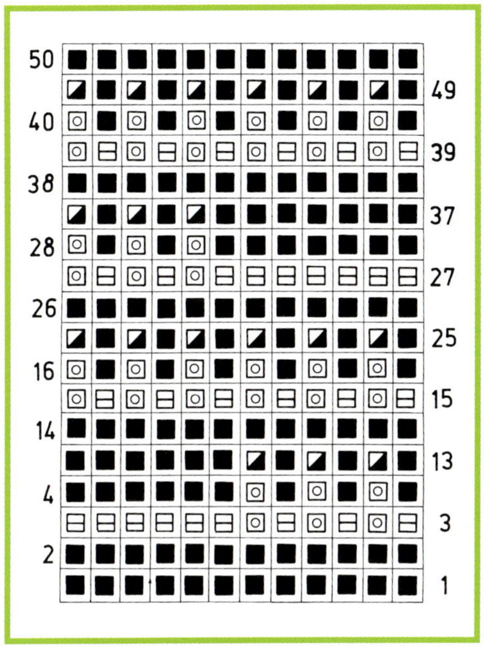

Fangmuster 4

In der Breite ist ein Mustersatz gegeben, der zu wiederholen ist. Die leeren Flächen haben für das Stricken keine Bedeutung. Die 1.-4. R wiederholen.

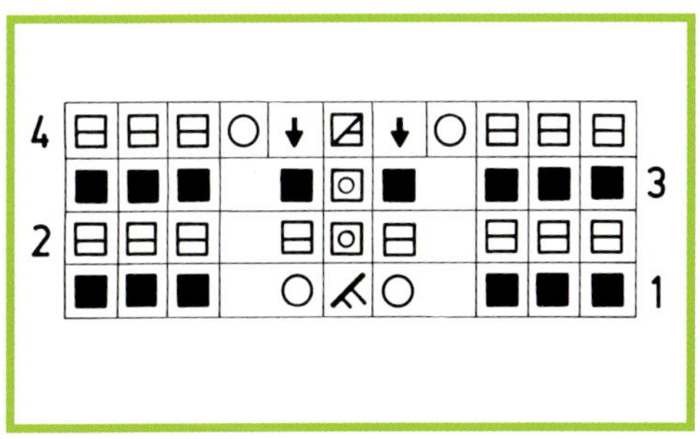

Zopfmuster

Hier werden viele

verschiedene Zöpfe

gemixt.

Mit der Symbolschrift

von der nächsten Seite

geht das einfacher,

als es aussieht.

Für Größe 42-44.

Zopfpullover

Größe 42-44

Material:
Schachenmayr »Extra« (100% Schurwolle, Lauflänge: 50 g = ca. 125 M) etwa 850g polar (Fb 3580), Stricknadeln Nr. 3 und 3 1/2, eine Rundstricknadel Nr. 3.

Rippenmuster
(Nadeln Nr. 3): In R und Rd abw. 2 M li, 2 M re str.

Maschenprobe:
29 M = 10 cm.

Zopfmuster
(Nadeln Nr. 3 1/2): Nach der Strickschrift arbeiten. In den nichtgegebenen Rück-R die M so str., wie sie erscheinen. In der Breite den Mustersatz innerhalb der Pfeile wdh. Die M außerhalb der Pfeile nur am Ende der Hin-R und am Anfang der Rück-R str. Die 1. R gibt den Übergang vom Rippenmuster zum Zopfmuster mit den Zunehmestellen an Vorder- und Rückenteil.
Die 3.-58. R wdh. M-Probe: 29 M/34 R = 10 cm.

Vorder-und Rückenteil:
MA = je 50 cm (146 M + 2 Rand- M). Im Rippenmuster 6 cm (24 R) str. Dann im Zopfmuster weiterarbeiten (175 M + 2 Rand- M). Vorderer Halsausschnitt nach 56 cm (190 R vom Bund an): in der Mitte 23 M abk., beiderseitig in jeder 2.

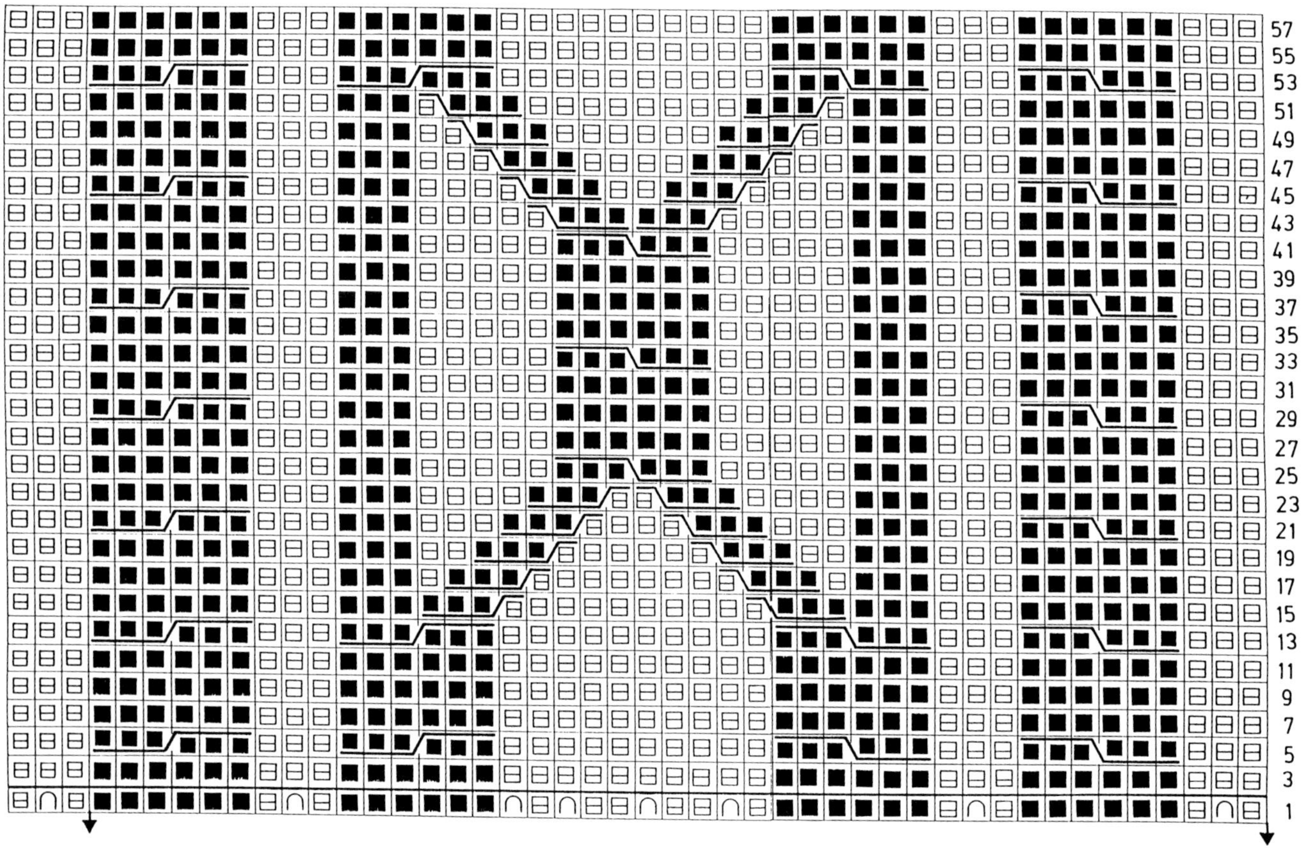

R 5mal 3 M, 3mal 2 M und 5mal 1 M abn., noch 6 R geradestr. Hinterer Halsausschnitt nach 63 cm (212 R vom Bund an): in der Mitte 43 M abk., beiderseitig in jeder 2. R 2mal 4 M, 2mal 3 M und 2mal 1 M abn. Die restlichen Schulter-M abk.

Ärmel:
MA = je 20 cm (58 M + 2 Rand- M). Im Rippenmuster 6 cm (23 R) str. In der folgenden Rück-R linke M arbeiten, dabei nach jeder 2. M 1 M li aus dem Verbindungsfaden herausstr. (siehe Zeichnung Seite 10).

Dann über 89 M + 2 Rand-M im Zopfmuster weiterarbeiten. Mit der 9. Muster-R der Strickschrift beginnen. Für die Ärmelschrägungen beidseitig 35x in jeder 4. R 1 M zun. und über diese M stets obenauf li str. Nach 142 R die M abk.

Ausschnittblende:
MA = 46 cm (132 M). Im Rippenmuster 3 cm (12 Rd) str. Die M auf einen Faden ziehen.
Die Teile zusammennähen. Die M der Ausschnittblende mit Steppstichen aufnähen (siehe Zeichnung Seite 15).

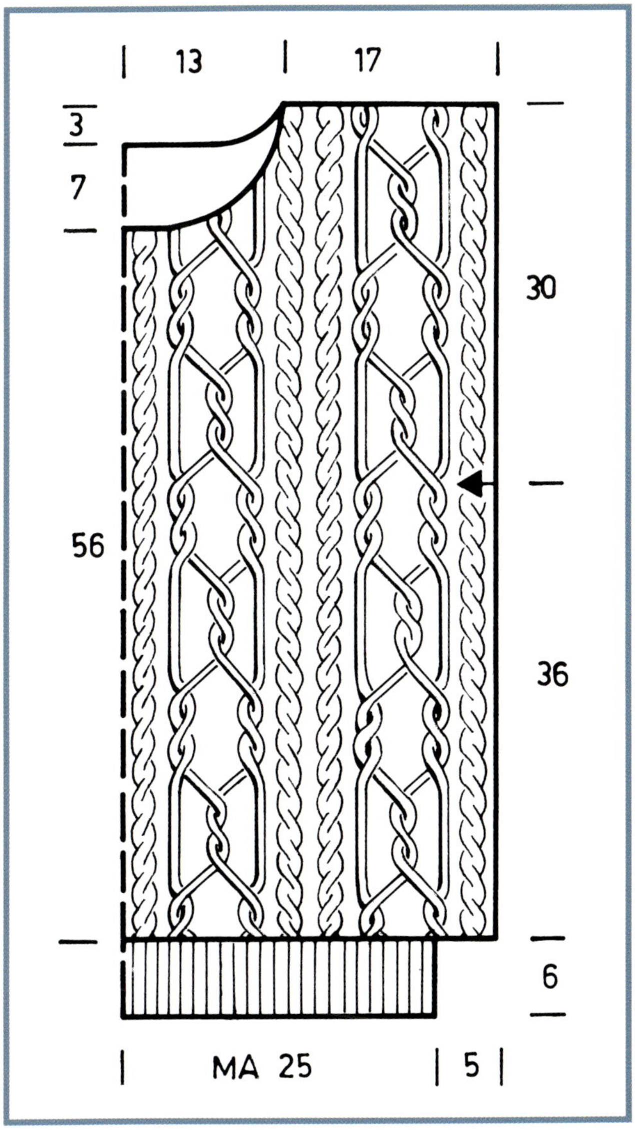

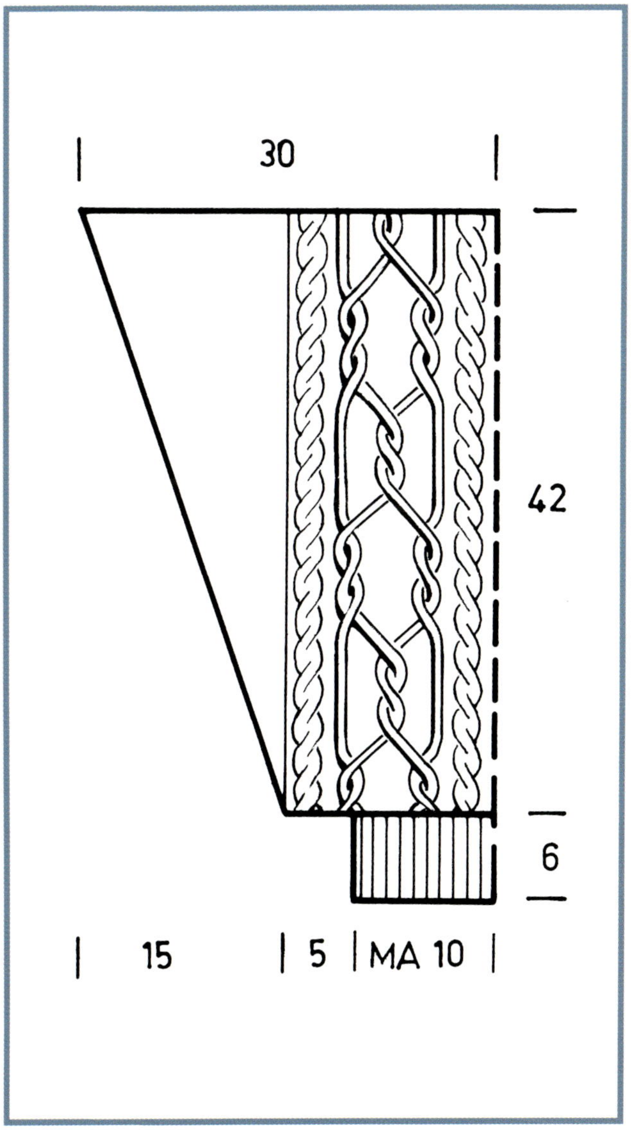

Zopfmuster 1

In der Breite ist ein Mustersatz gegeben, der zu wdh. ist. In den nichtgegebenen Rück-R die M so str., wie sie erscheinen. Die 1.–6. R wdh.

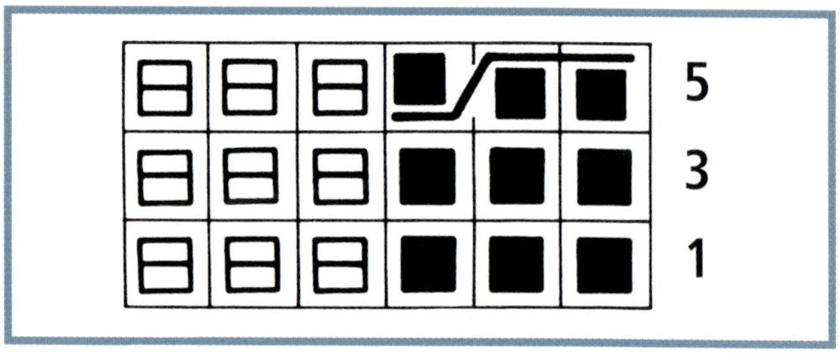

Zopfmuster 2

In der Breite ist ein Mustersatz gegeben, der zu wdh. ist. In den nichtgegebenen Rück-R die M so str., wie sie erscheinen. Die 1.–12. R wdh.

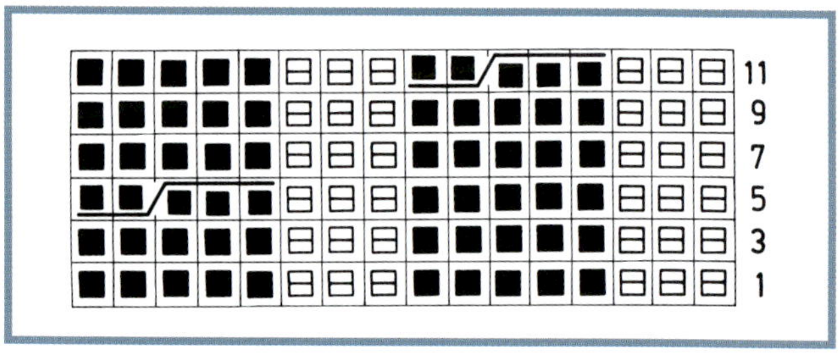

Zopfmuster 3

In der Breite ist ein Mustersatz gegeben, der zu wdh. ist. In den nichtgegebenen Rück-R die M so str., wie sie erscheinen.Die 1.–8. R wdh.

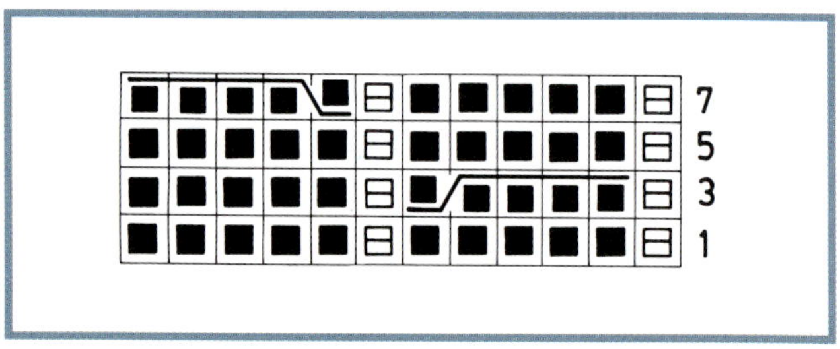

Zopfmuster 4

In der Breite ist ein Mustersatz gegeben, der zu wdh. ist. In den nichtgegebenen Rück-R die M so str., wie sie erscheinen. Die 1.–48. R wdh.

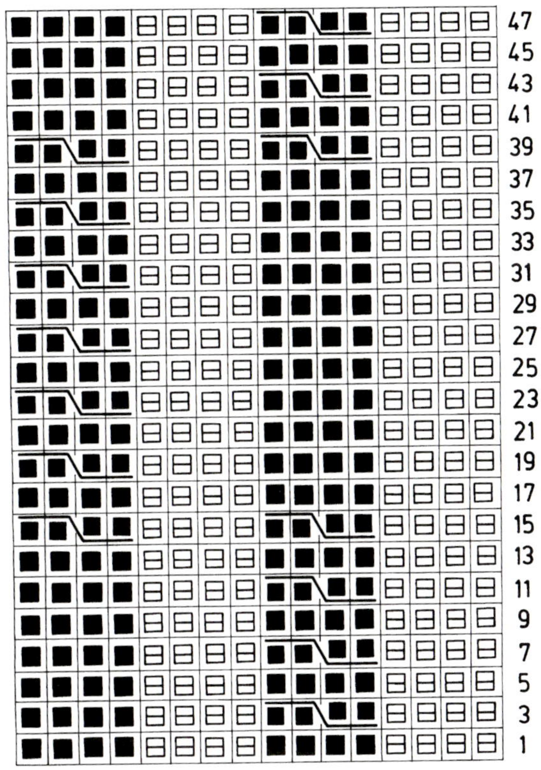

Zopfmuster 5

In der Breite ist ein Mustersatz gegeben, der zu wdh. ist. In den nichtgegebenen Rück-R die M so str., wie sie erscheinen. Die 1.–8. R wdh.

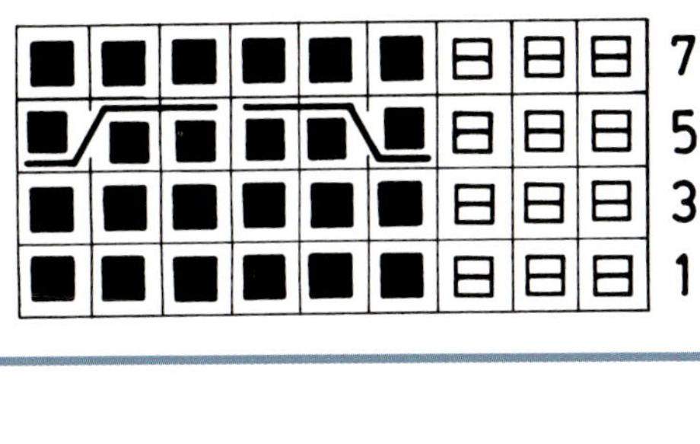

Zopfmuster 6

In der Breite ist ein Mustersatz gegeben, der zu wdh. ist. Die leeren Flächen haben für das Str. keine Bedeutung. In den nichtgegebenen Rück-R die M so str., wie sie erscheinen. Die 3.-18. R wdh.

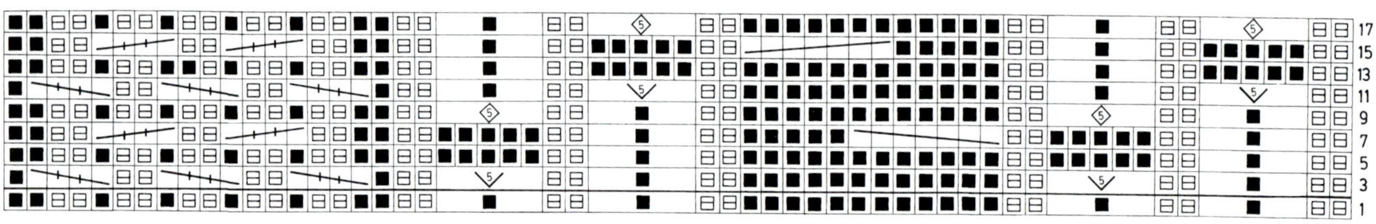

Zopfmuster 7

In der Breite ist ein Mustersatz gegeben, der zu wdh. ist. In den nichtgegebenen Rück-R die M so str., wie sie erscheinen. Die 1.-8. R wdh.

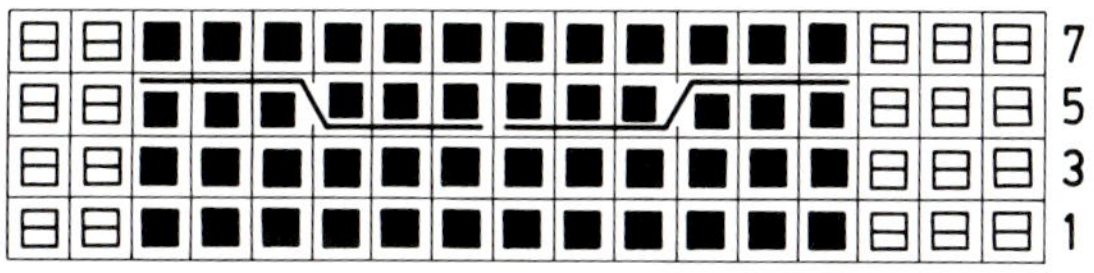

Zopfmuster 8

In der Breite ist ein Mustersatz gegeben, der zu wdh. ist. In den nichtgegebenen Rück-R die M so str., wie sie erscheinen. Die 3.-26. R wdh.

Zopfmuster 9

In der Breite ist ein Mustersatz gegeben, der zu wdh. ist. In den nichtgegebenen Rück-R die M so str., wie sie erscheinen. Die 3.-10. R wdh.

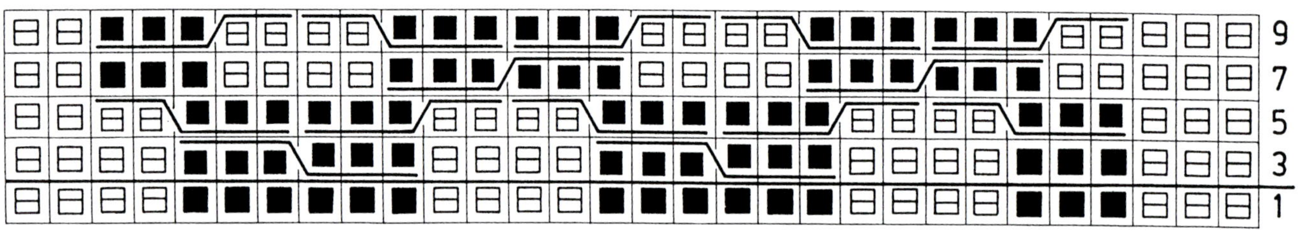

Zopfmuster 10

In der Breite ist innerhalb der Pfeile ein Mustersatz gegeben, der zu_wdh. ist. Die M außerhalb nur am Ende der Hin-R und am Anfang der Rück-R str. In den nichtgegebenen Rück-R die re und li M so str., wie sie erscheinen, die abgehobene M mit dem U li zusammenstr. Die 1.-60 R wdh.

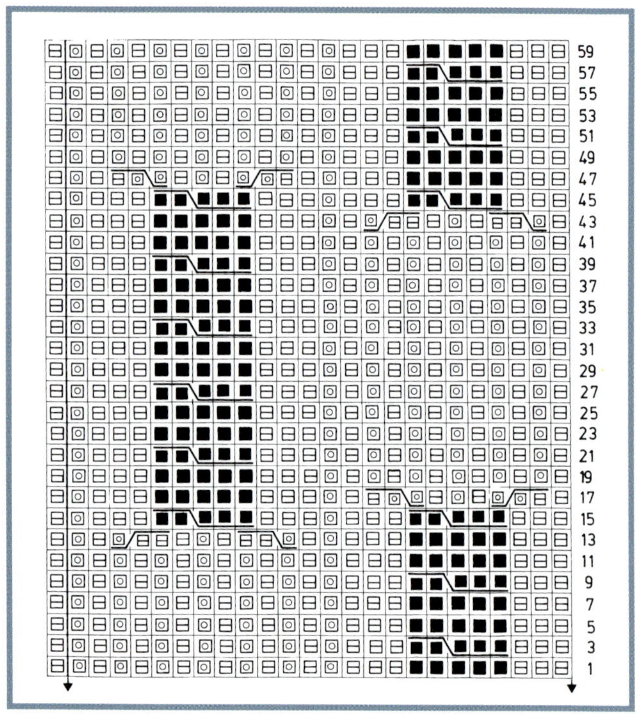

Zopfmuster 11

In der Breite ist ein Mustersatz gegeben, der zu wdh. ist. In den nichtgegebenen Rück-R die M so str., wie sie erscheinen. Die 1.-8. R wdh.

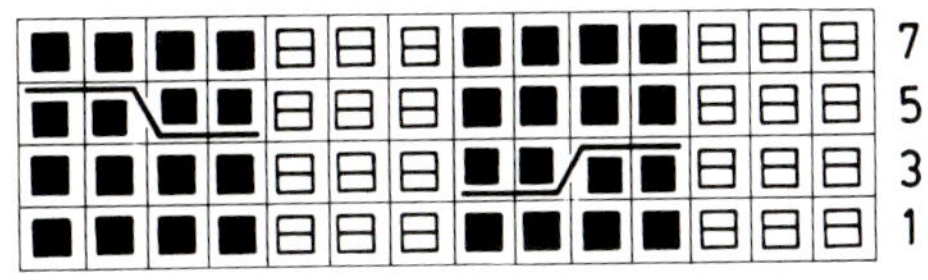

Zopfmuster 12

In der Breite ist ein Mustersatz gegeben, der zu wdh. ist. In den nichtgegebenen Rück-R die M so str., wie sie erscheinen. Die 3.-22. R wdh.

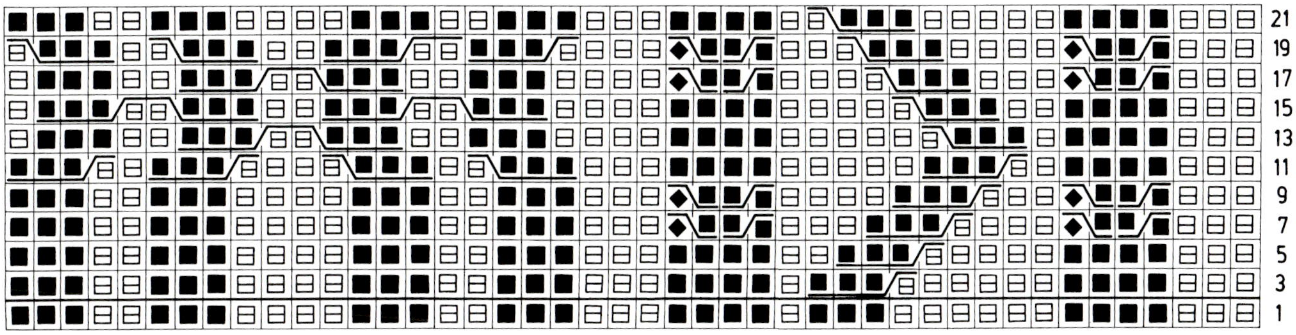

Zopfmuster mit verkreuzten Bändern 13

In der Breite ist ein Mustersatz gegeben, der zu wdh. ist. In den nichtgegebenen Rück-R alle M li str.
Die leeren Flächen haben für das Stricken keine Bedeutung. Die 1.-28. R wdh. In der 11. und 25. R für ein Band jeweils nur über die 6 Rechts-M 10 R hoch glatt re str. Die 5 li M auf eine Hilfsnadel nach hinten nehmen. Dann beide Bänder vor den Links-M verkreuzen. Dafür die M des 1. Bandes nach vorn nehmen, die M des 2. Bandes re abstr., die M von der Hilfsnadel li str., dann die M des 1. Bandes re str.

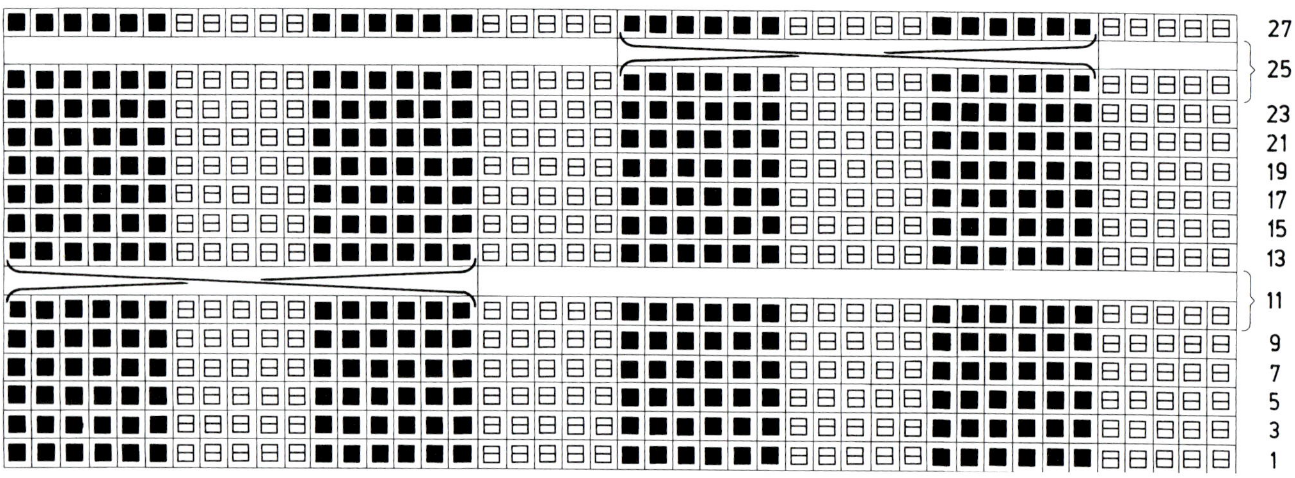

Zopfmuster 14

In der Breite ist ein Mustersatz gegeben, der zu wdh. ist. In den nichtgegebenen Rück-R die M so str., wie sie erscheinen. Die 1.-8. R wdh.

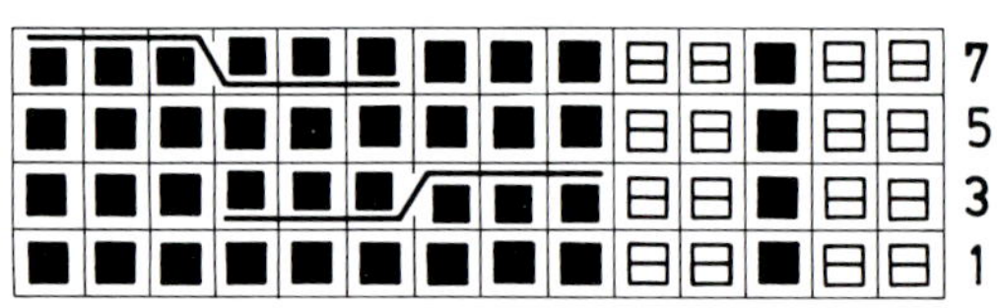

Zopfmuster mit Wickelmasche 15

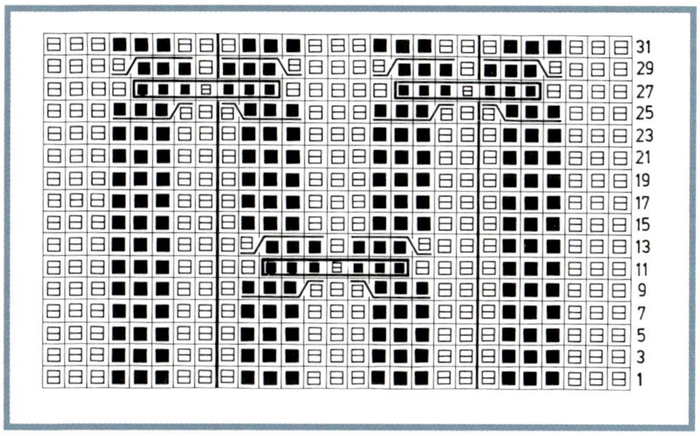

In der Breite ist innerhalb der starken Linien ein Mustersatz gegeben, der zu wdh. ist. Die M außerhalb der Linien nur am Anfang und Ende der R str. In den nichtgegebenen Rück-R alle M li str. Die 1.-32. R wdh.

Zopfmuster mit verkreuzten Bändern 16

In der Breite ist der ganze Zopf gegeben. In der Höhe den Mustersatz innerhalb der Pfeile wdh.

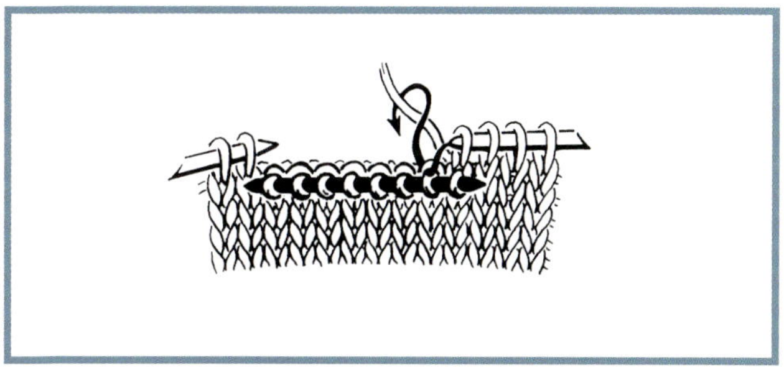

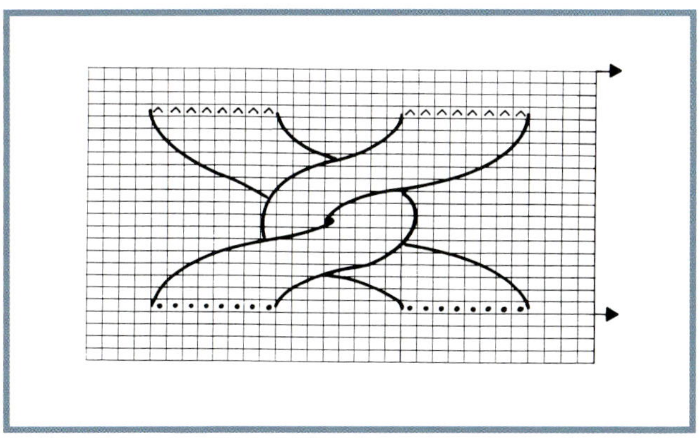

Zeichenerklärung:

☐ = 1 M glatt re

⊡ = 1 M auf 1 Hilfsnadel nach vorn nehmen und stillegen, dahinter aus dem M-Kopf der darunterliegenden M eine M herausstr.(Zeichnung auf dieser Seite). Über die M 16 R hoch glatt re str.

Dann für jedes Band über die 8 stillgelegten M 30 R glatt re str. und den Linien entsprechend verkreuzen.

^ = 1 M vom Band mit der dahinterliegenden M re zusammenstr.

Noppenmuster

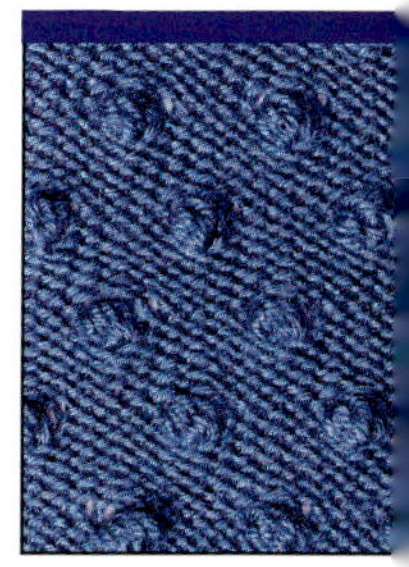

Noppen über Noppen!

Dieser Pullover ist ein

»Musterexemplar«.

Für Größe 38-42.

Noppenpullover

Größe 38-42

Material:
Schachenmayr »Extra« (100% Schurwolle; Lauflänge : 50 g = ca. 125 m), etwa 850g royal (Fb 3512), Stricknadeln und 1 Rundstricknadel Nr. 3.

Rippenmuster:
Abw. 1M re, 1M li str.
M-Probe: 26 M = 10 cm.

Noppenmuster:
Nach der Strickschrift arbeiten. In den nichtgegebenen Rück-R die M re str. Den Mustersatz in Breite und Höhe wiederholen. M-Probe: 24M/31 R = 10cm.

Glatt re:
In Rd stets re M str.
M-Probe: 24M / 31Rd= 10cm.

Vorder- und Rückenteil:
MA = je 56cm (145 M+2 Rand- M). Im Rippenmuster 4 cm (12 R) str. Anschließend im Noppenmuster weiterarbeiten. Am Rückenteil die Noppen am seitlichen Rand bis zum Ärmelansatz (Pfeil am Schnitt) weglassen, dafür je 1M li str. Vorderer Halsausschnitt: Nach 64cm (200 R) die mittleren 19M abk., beiderseitig in jeder 2. R 2mal 4M, 2mal

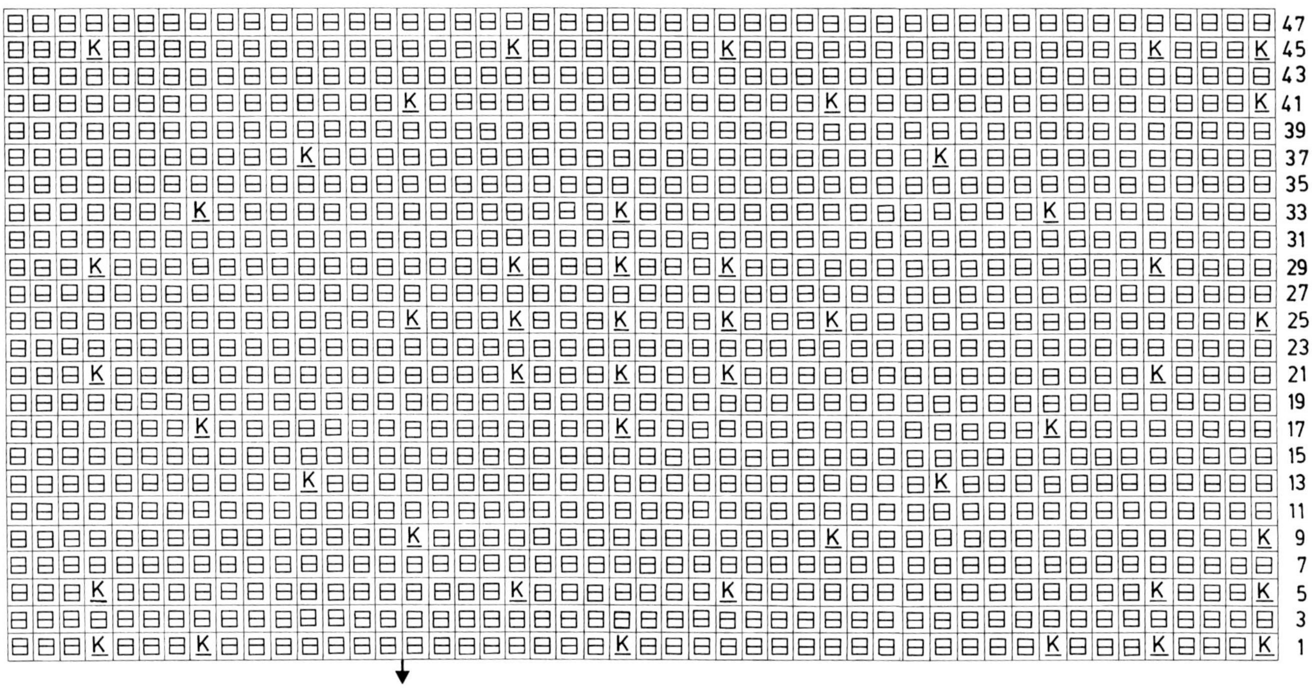

2M und 2mal 1M abn., noch 8R geradestr. Hinterer Halsausschnitt: Nach 66cm (204 R) die mittleren 31M abk., beiderseitig 4mal in jeder 2. R 2 M abn., noch 4R geradestr. An den Schultern am Vorderteil nach 220 R, am Rückenteil nach 216R die restlichen M abk.

Ärmel:
MA = je 20cm (53 M). Im Rippenmuster 4cm (12 R) str. Dabei in der letzten Rück-R nach jeder 2. M 1M rechts verschränkt aus dem Verbindungsfaden herausstr. Im Noppenmuster weiterstr. Bei Pfeil an der Strickschrift beginnen. Ärmelschrägungen: 33mal am Anfang und Ende jeder 4. R 1 M mustergemäß aus dem Verbindungsfaden herausstr. Nach 42 cm (132 R) die M abk. (145 M).

Für die doppelte Halsblende zunächst aus dem Ausschnittrand von rechts 125 M herausholen. Glatt re 10 cm (30 Rd) str. Dann hinter der 1. Halsblende noch einmal 125 M herausholen und die 2. Blende genauso str.

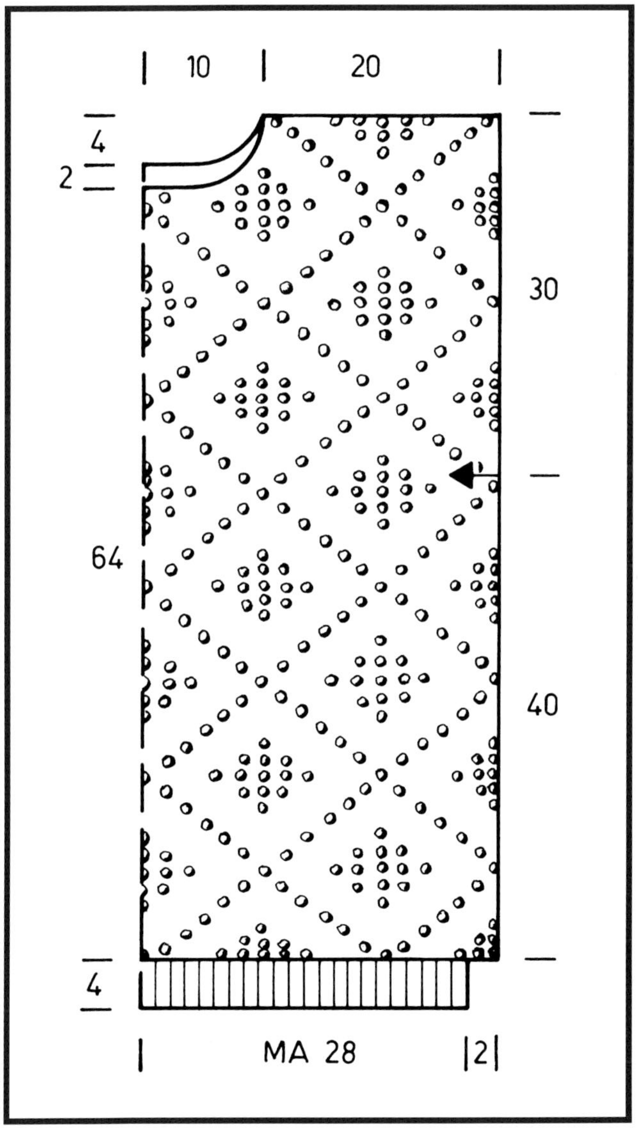

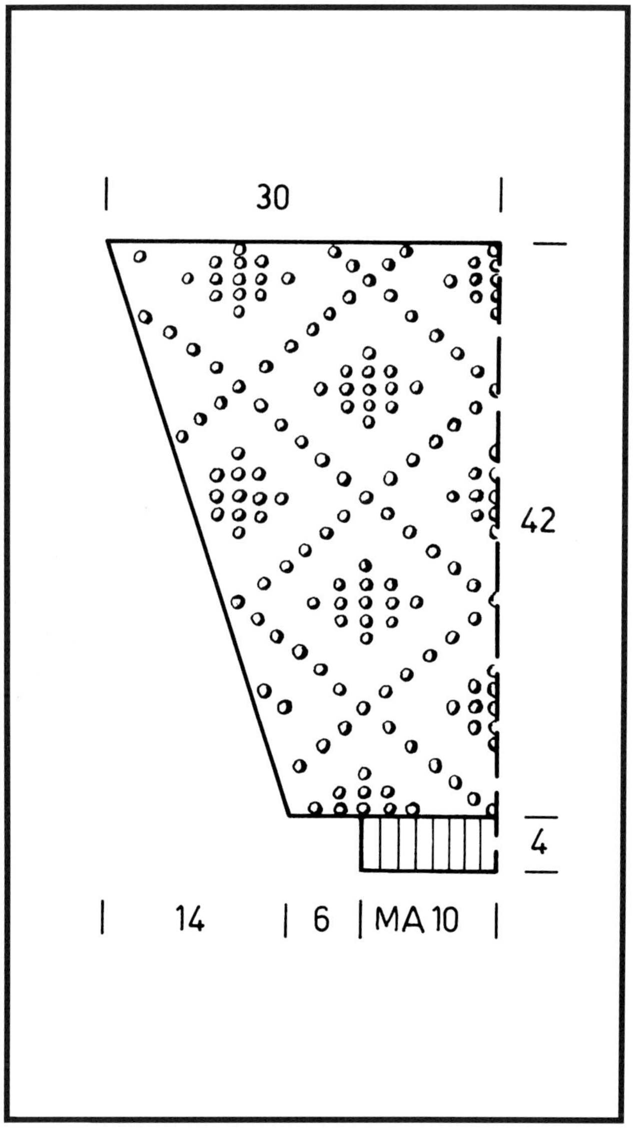

Noppenmuster 1

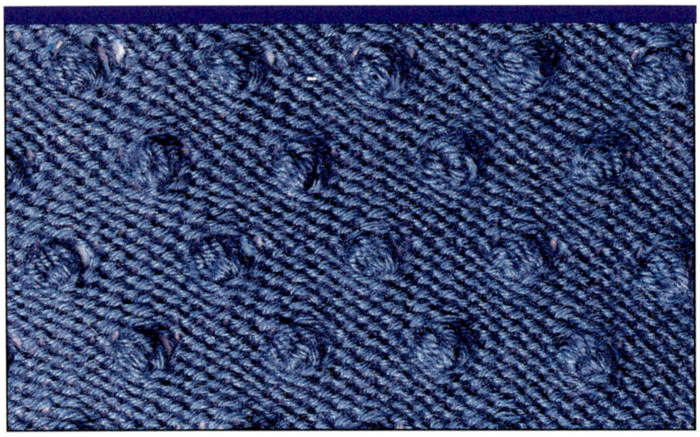

In der Breite ist ein Mustersatz gegeben, der zu wiederholen ist. In den nichtgegebenen Rück-R die M re str. Die 3. und 4. R und die 7.-10. R wie die 1. und 2. R str. Die 1.-12. R wiederholen.

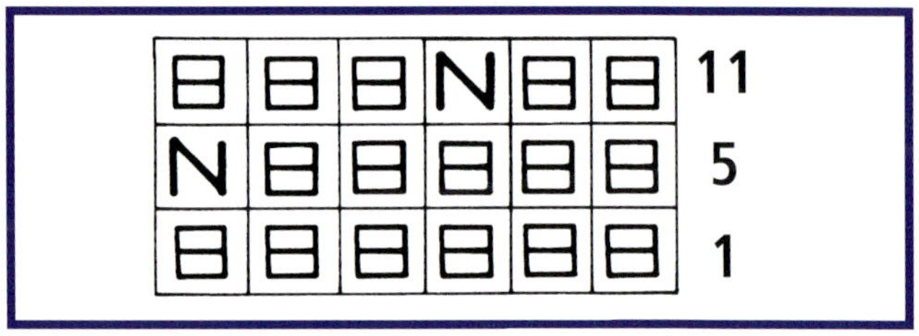

Noppenmuster 2

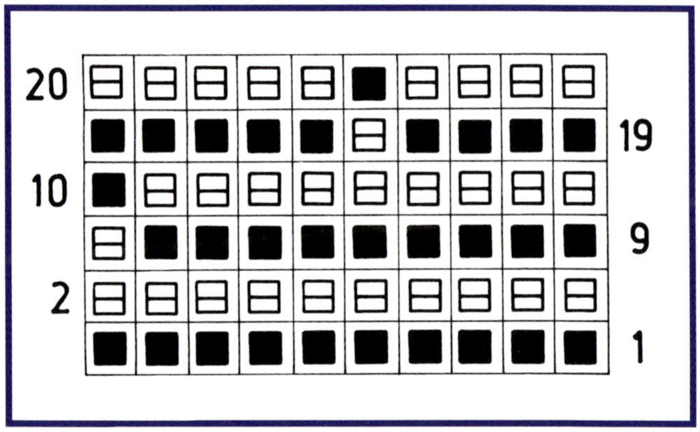

Häkelnoppen im Strickgrund: In der Breite ist ein Mustersatz gegeben, der zu wiederholen ist. Die 3.-8. R und die 11.-18. R wie die 1. und 2. R str. Die 1.-20. R wiederholen. Ins fertige Gestrick farbige Noppen einhäkeln. Dafür mit der Häkelnadel in die obenauf linke M einstechen, Faden holen und 1 feste M häkeln, 3 Luft-M und 4 Doppelstäbchen in den selben Einstichpunkt arbeiten (Zeichnungen a und b), zurückgehend in die 3. Luft-M 1 Ketten-M häkeln und den Faden abreißen. Anfang und Ende des Fadens auf die Musterrückseite ziehen, verknoten und verstechen.

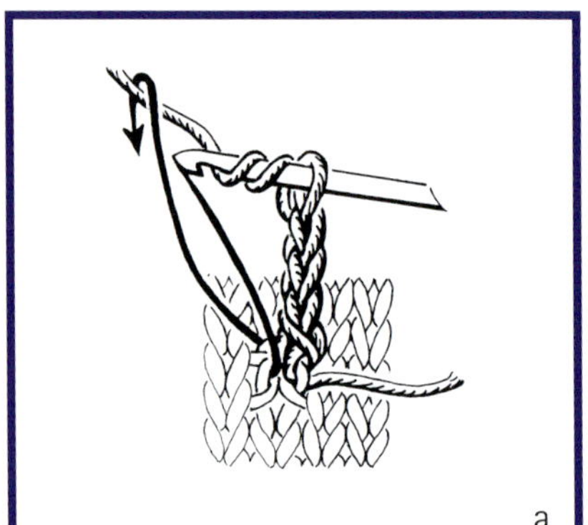
a

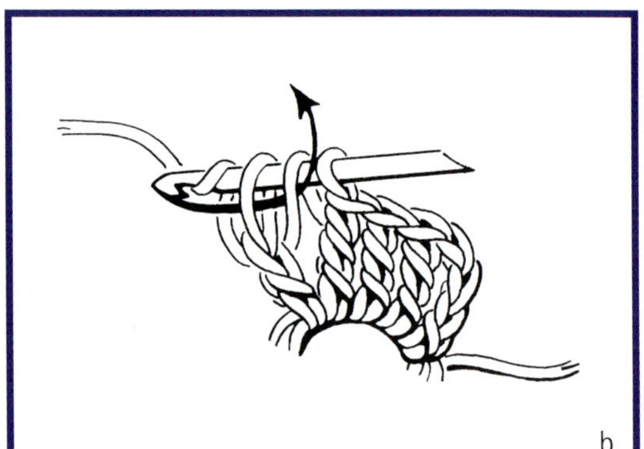
b

Noppenmuster 3

In der Breite ist ein Mustersatz gegeben, der zu wiederholen ist. In den nichtgegebenen Rück-R die M li str. Die 3.-8. R und die 13.-18. R wie die 1. und 2. R str. Die 1.-20. R wiederholen.

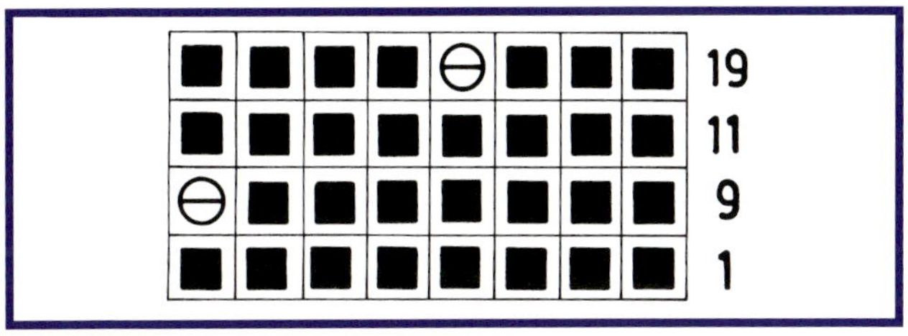

Noppenmuster 4

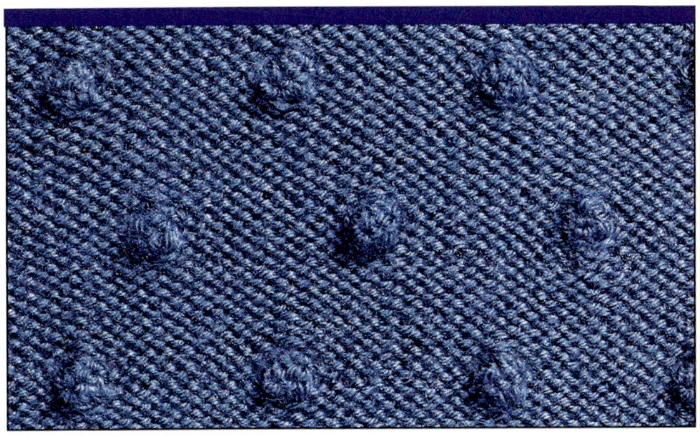

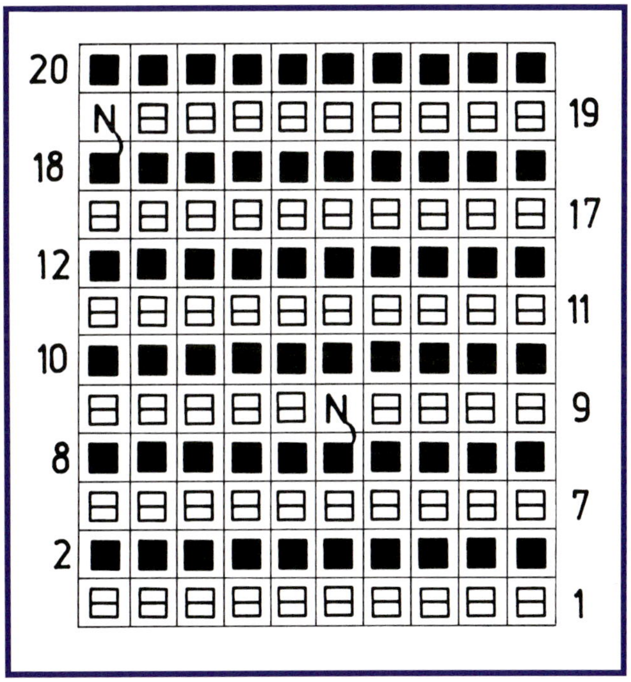

In der Breite ist ein Mustersatz gegeben, der zu wiederholen ist. Die 3.-6. R wie die 1. und 2. R str, die 13.-16. R wie die 11. und 12. R str. Die 1.-20. R wiederholen.
Für die tiefgestochene Noppe mit der rechten Nadel in die eine R tieferliegende M einstechen und 5M herausstr., dafür abw. 1 Schlinge holen und 1 Umschlag bilden, zuletzt noch 1 Schlinge holen (Zeichnung a), die folgende M li str., die Arbeit wenden, 6M re str., wenden und die 6M re verschränkt zusammenstr. (Zeichnung b).

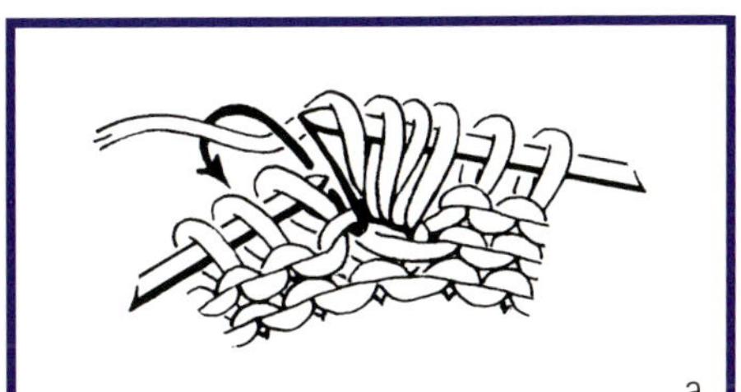
a

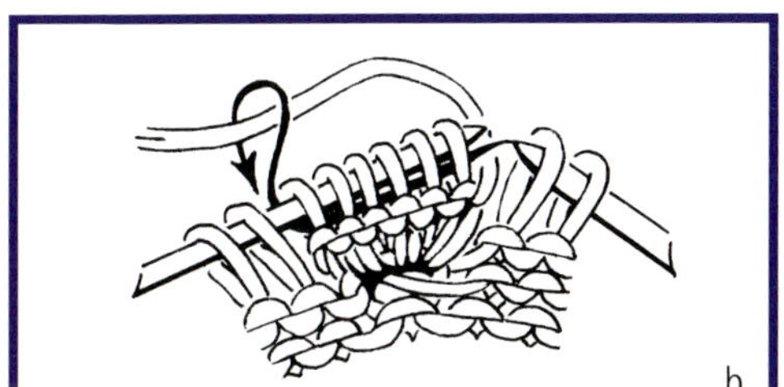
b

Noppenmuster 5

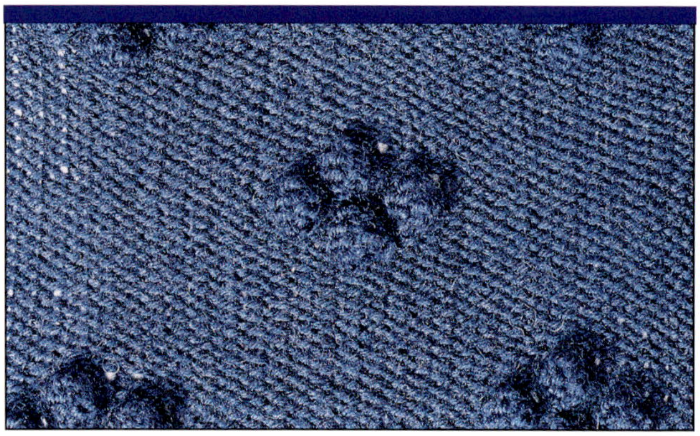

In der Breite ist ein Mustersatz gegeben, der zu wiederholen ist. In den nichtgegebenen Rück-R die M re str.

Die 3.-10. R wie die 1. und 2. R str., die 19.-26. R wie die 17. und 18. R str. Die 1.-32. R wiederholen.

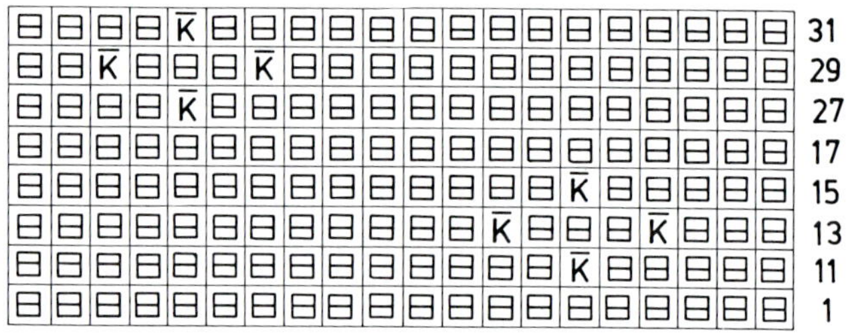

Noppenmuster 6

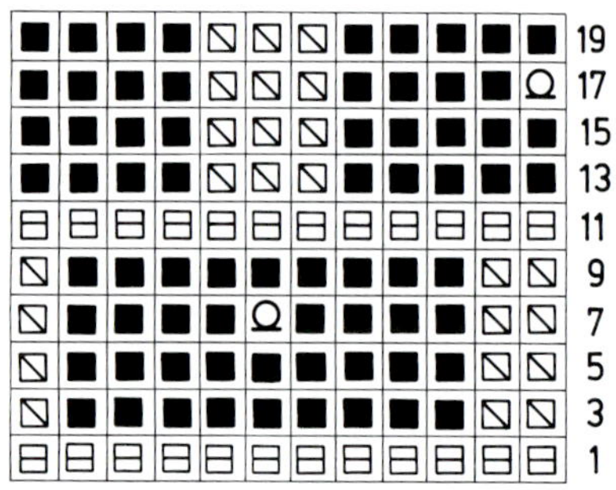

In der Breite ist ein Mustersatz gegeben, der zu wiederholen ist. In den nichtgegebenen Rück-R die in der vorhergehenden R abgehobenen M re str., die übrigen M so str.,wie sie erscheinen.

Die 1.-20. R wiederholen. Für die Noppe aus 1M 7M herausstr., dafür abw. 1 Schlinge holen und 1 Umschlag bilden, zuletzt noch eine Schlinge holen, wenden, die herausgestr. M re str., wenden, die M noch einmal re str., wenden, einmal 4M re verschränkt zusammenstr. und einmal 3M re verschränkt zusammenstr. (Zeichnung a), die 1. zusammengestr. M über die 2. zusammengestr. M ziehen (Zeichnung b), wenden, die Noppen-M auf die rechte Nadel heben und weiterstr. (Zeichnung c).

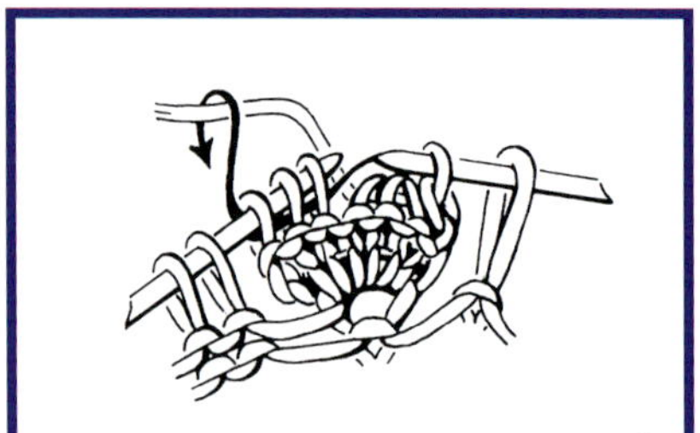

a

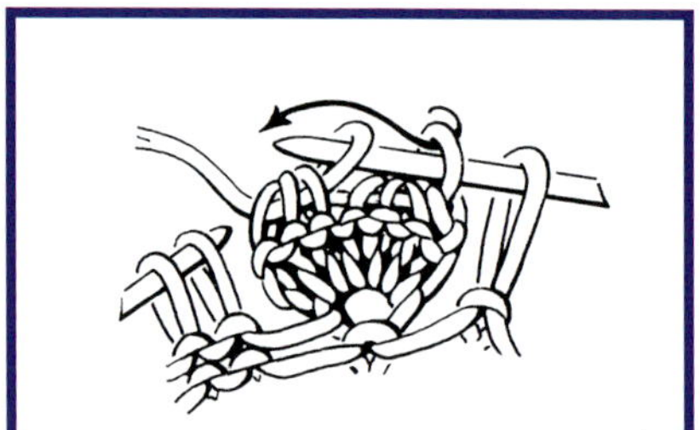

b

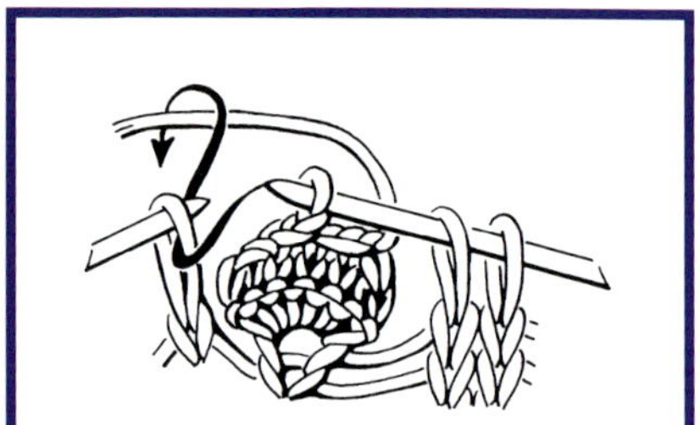

c

Noppenmuster 7

In der Breite ist ein Mustersatz gegeben, der zu wiederholen ist. Die leeren Flächen haben für das Stricken keine Bedeutung. In den nichtgegebenen Rück-R die M so str., wie sie erscheinen. Die 3.-10. R und die 15.-22. R wie 1. und 2. R sr. Die 1.-24. R wiederholen.

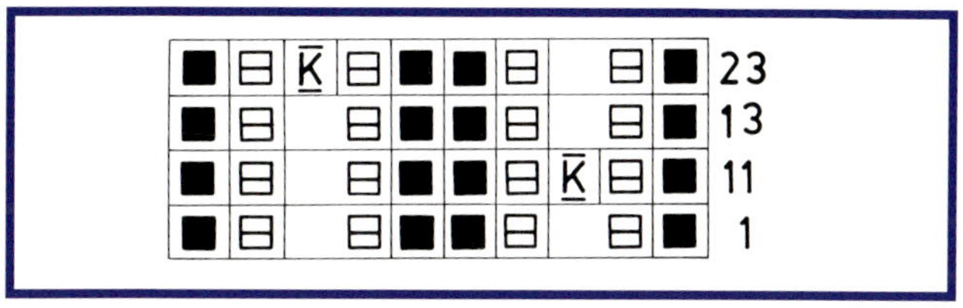

Noppenmuster 8

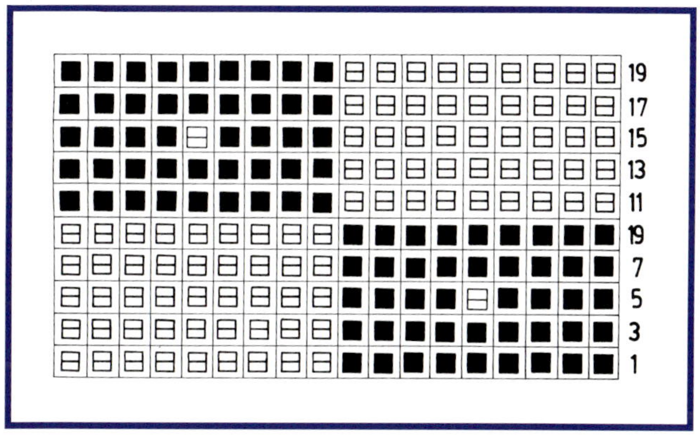

Häkelnoppen im Strickgrund: In der Breite ist ein Mustersatz gegeben, der zu wiederholen ist. In den nichtgegebenen Rück-R die M str., wie sie erscheinen. Die 1.-20. R wiederholen. Nach beendeter Strickerei die Noppen einhäkeln. Dafür in die obenauf links erscheinende M der glatt rechten Karos mit der Häkelnadel einstechen, 2mal abw. 1 Schlinge holen und 1 Umschlag bilden (Zeichnung a), zuletzt noch 1 Schlinge holen. Dann abw. je 2 M-Glieder zusammen mit 1 neuen Umschlag abmaschen (Zeichnung b), 3 feste M zwischen die unteren M-Glieder häkeln (Zeichnung c) und zurück in den Ausgangspunkt 1 Ketten-M arbeiten. Anfang und Ende des Fadens auf der Musterrückseite verknoten und verstechen.

a

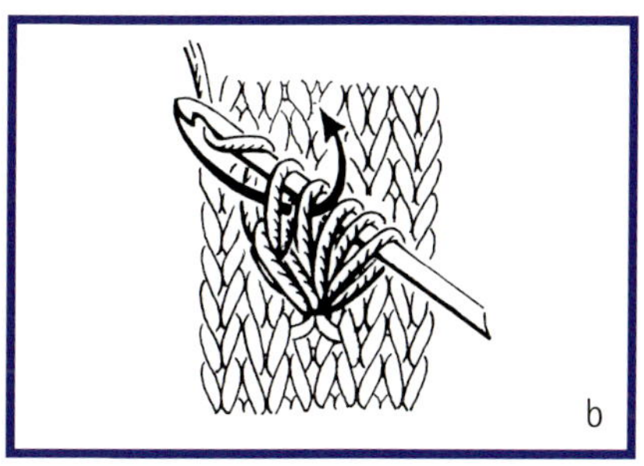
b

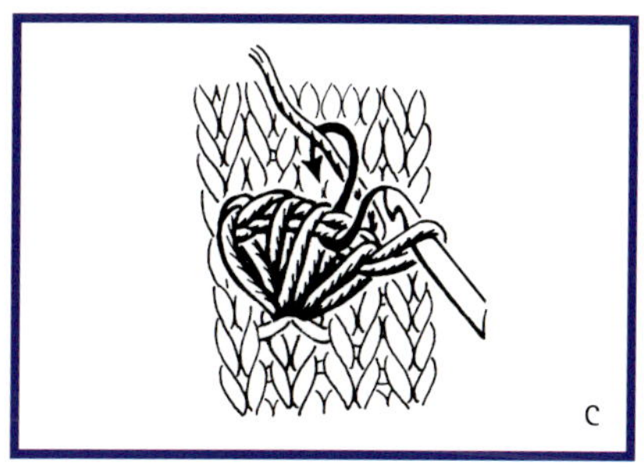
c

Noppenmuster 9

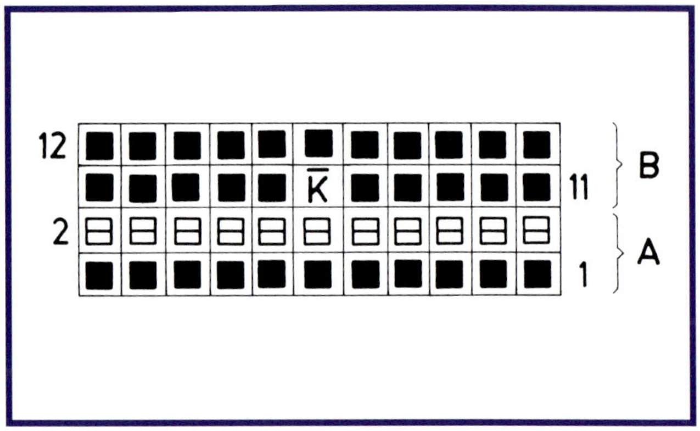

In der Breite ist ein Mustersatz gegeben, der zu wiederholen ist.

Die 3.-10. R wie die 1. und 2. R str. Die 1.-12. R wiederholen.

Farbfolge:
Die 1.-10. R in Farbe A, die 11. und 12. R in Farbe B str.

Noppenmuster 10

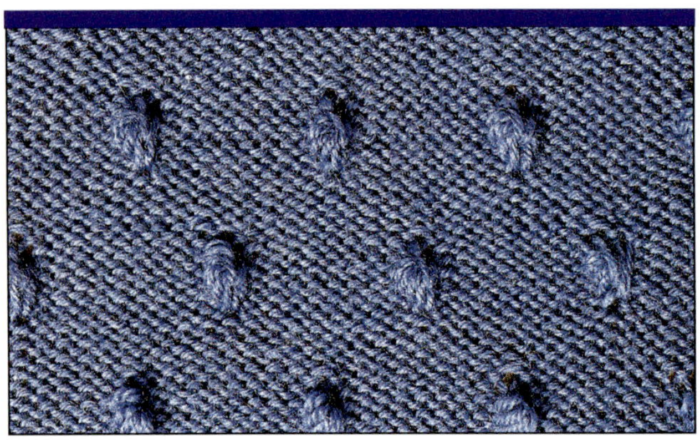

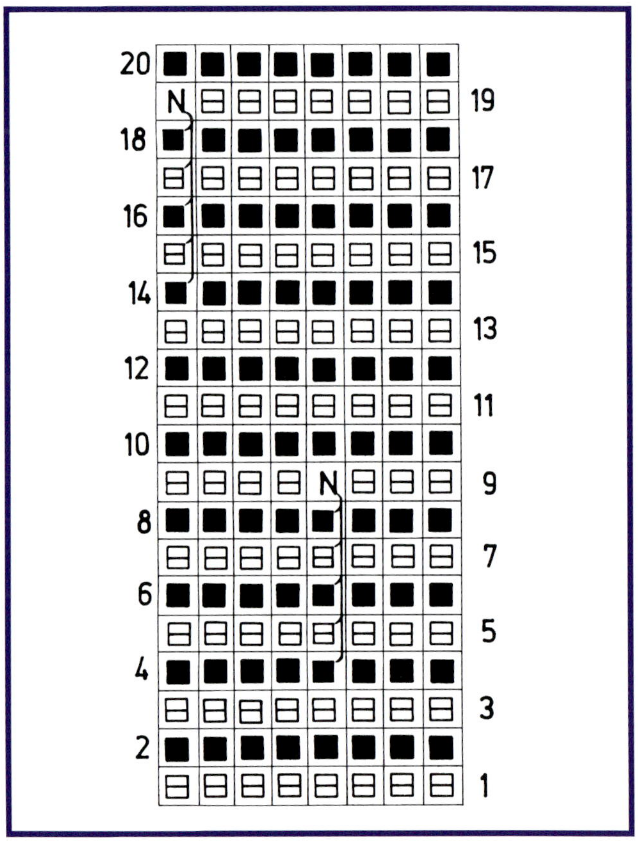

In der Breite ist ein Mustersatz gegeben, der zu wiederholen ist. Die 1.-20. R wiederholen.

Noppenmuster 11

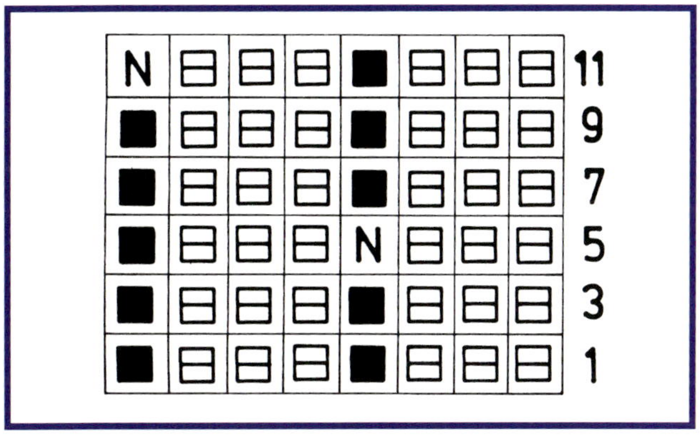

In der Breite ist ein Mustersatz gegeben, der zu wiederholen ist. In den nichtgegebenen Rück-R die M so str., wie sie erscheinen. Die 1.-12. R wiederholen.

Noppenmuster 12

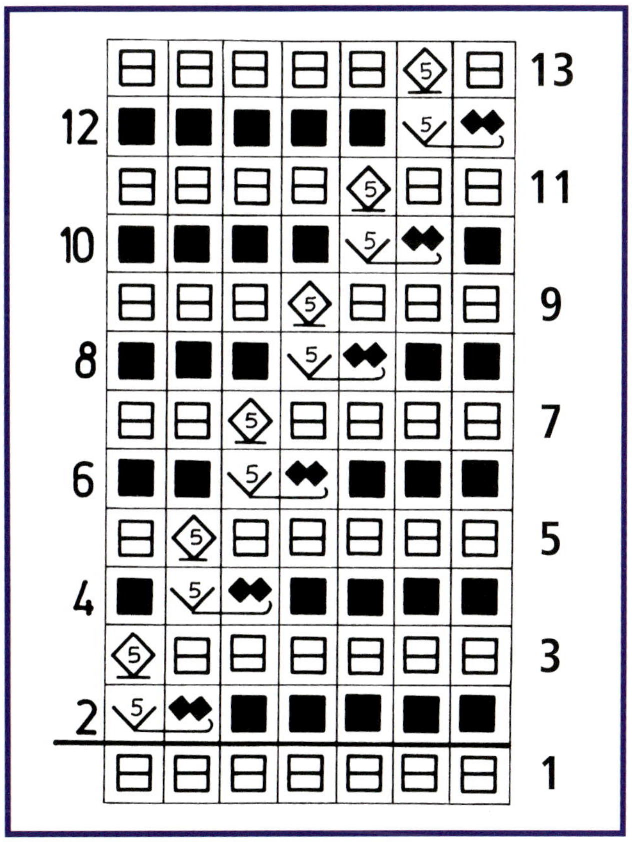

In der Breite ist ein Mustersatz gegeben, der zu wiederholen ist. Die 2.-13. R wiederholen.

Noppenmuster 13

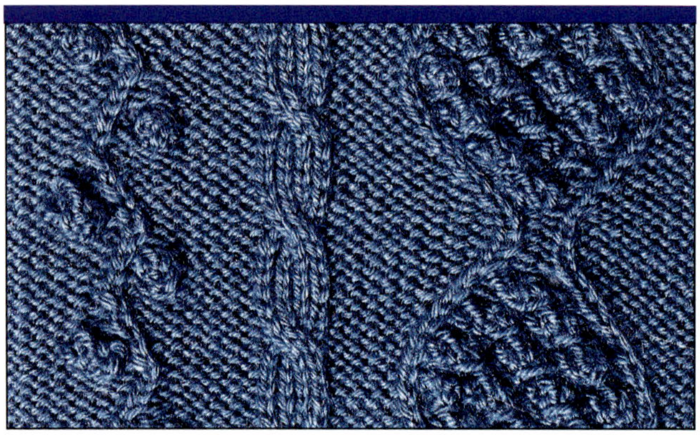

In der Breite ist ein Mustersatz gegeben, der zu wiederholen ist. In den nichtgegebenen Rück-R die M vor jeder Noppe, die Noppen-M und die M nach jeder Noppe re verschränkt str, alle übrigen M so str., wie sie erscheinen. Die 1.-24. R wiederholen.

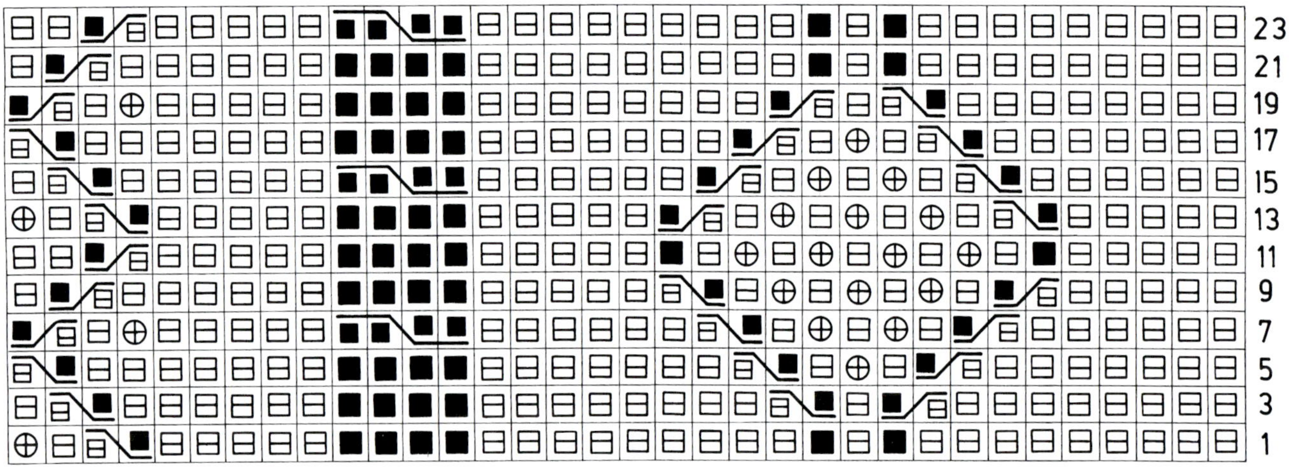

Noppenmuster 14

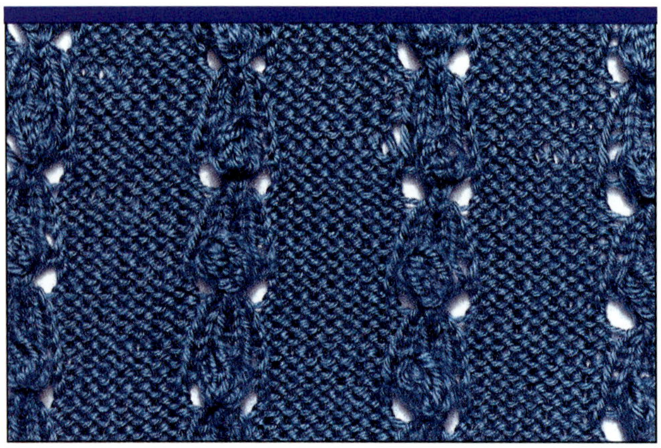

In der Breite ist ein Mustersatz gegeben, der zu wiederholen ist. Die 1.-8. R wiederholen.

Noppenmuster 15

In der Breite ist innerhalb der senkrechten Linien ein Mustersatz gegeben, der zu wiederholen ist. Die M außerhalb der Linien nur am Anfang und Ende der R str. Die leeren Flächen haben für das Stricken keine Bedeutung. In den nichtgegebenen Rück-R die M so str., wie sie erscheinen, nur in der letzten Rück-R alle M re str. Die 3.-10. R wie 1. und 2. R str. Die 1.-22. R wiederholen.

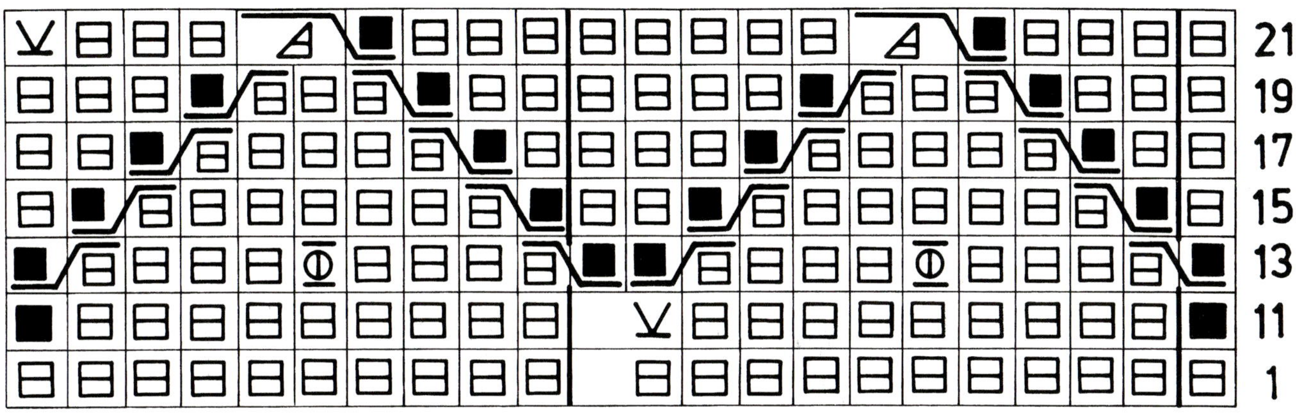

Noppenmuster 16

In der Breite ist ein Mustersatz gegeben, der zu wiederholen ist. In den nichtgegebenen Rück-R die M li str. Die 3.-6. R und die 9.-14. R wie die 1. und 2. R str. Die 1.-16. R wiederholen.

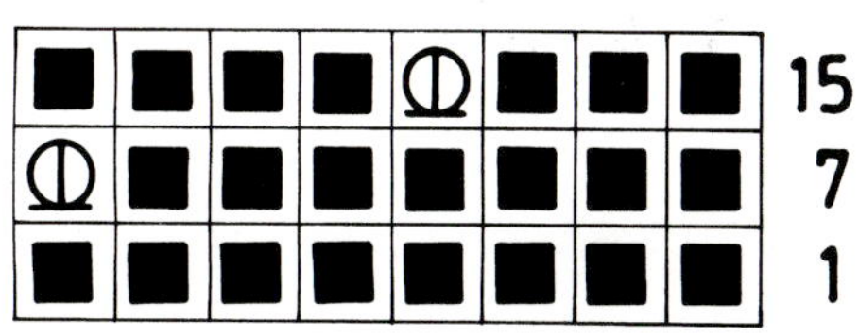

Ajourmuster

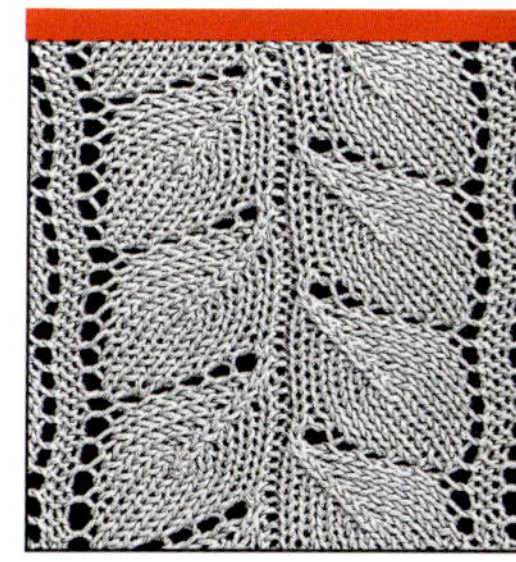

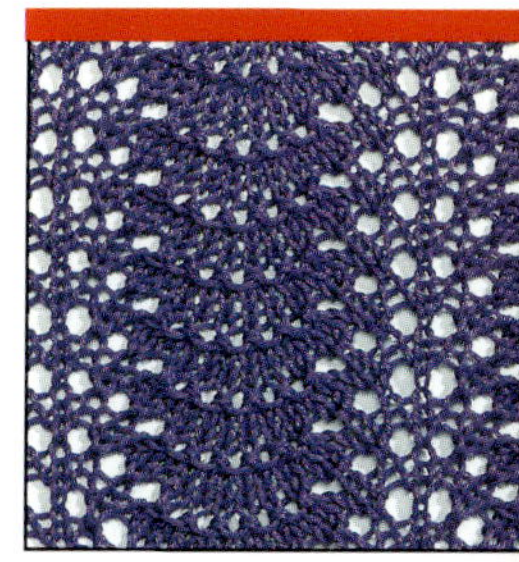

Die hübschen Zacken-
ränder entstehen
durch das Muster von
ganz allein.
Für Größe 38-40.

Pullover im Ajourmuster

Größe 38-40

Material:
Schachenmayr »Bagnola« (100% Baumwolle, Lauflänge: 50 g = ca. 180 m), etwa 500g fuchsia (Fb 1527), Stricknadeln und eine kleine Rundstricknadel Nr. 2 1/2.

Ajourmuster:
Nach der Strickschrift arbeiten. In den nichtgegebenen Rück-R alle M und U li str. Den Mustersatz in der Breite wdh. Die 3.-40. R wdh.
M-Probe:
25 M/35 R = 10 cm.

Vorder- und Rückenteil:
MA = je 58 cm (147 M + 2 Rand- M). Im Ajourmuster str. Vorderer Halsausschnitt nach 56 cm (200 R): die mittleren 17 M abk., beiderseitig in jeder 2. R 2mal 4 M und 5mal 1 M abn., 2mal in jeder 4. R 1 M abn. und noch 6 R geradestr. Hinterer Halsausschnitt nach 62 cm (218 R): die mittleren 33 M abk., beiderseitig in jeder 2. R 2mal 2 M und 3mal 1 M abn.
Die restlichen M an der Schulter abk.

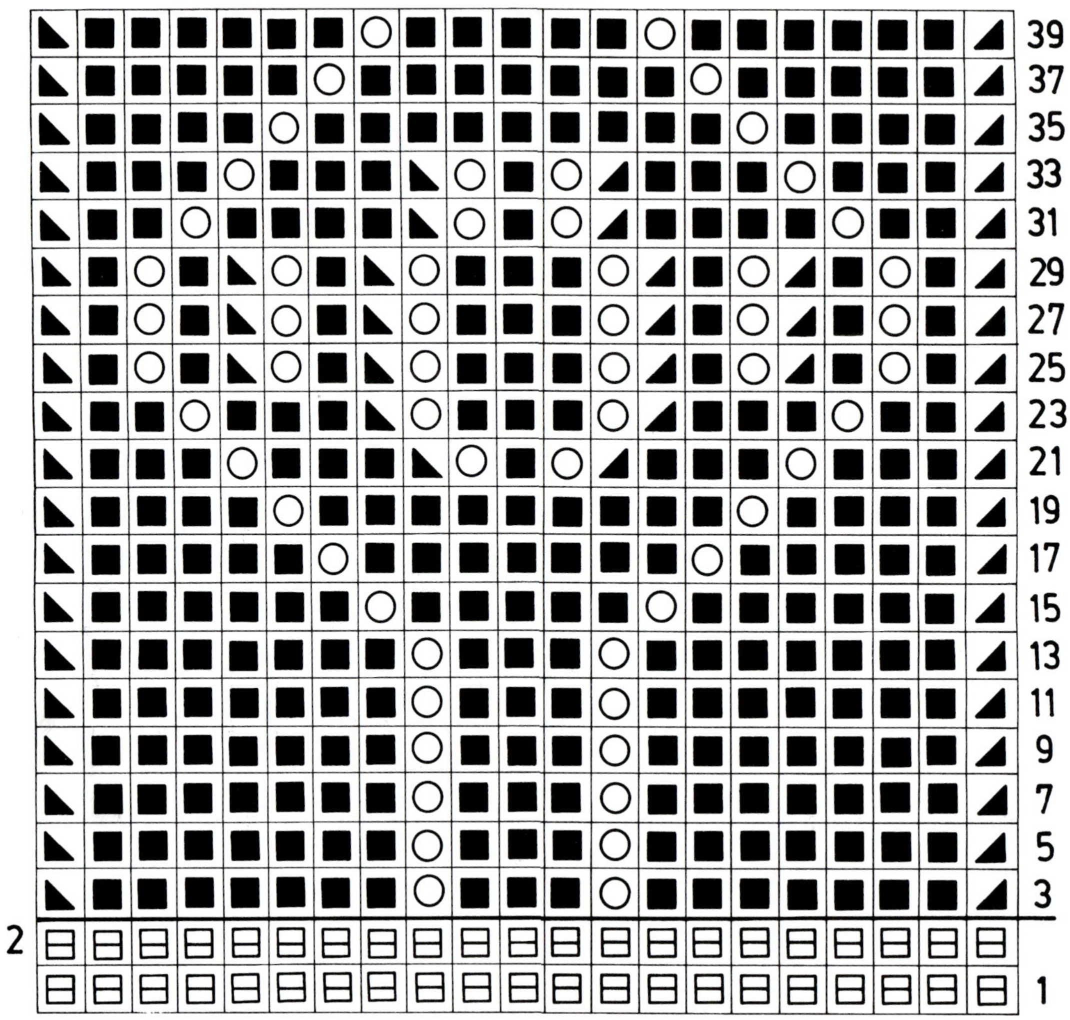

Ärmel:
MA = je 26 cm (63 M + 2 Rand- M). Im Ajourmuster str. Ärmelschrägungen: nach 12 R beiderseitig 21mal abw. 1mal in der 4. R und 1mal in der 2. R 1 M zun. (in 140 R beiderseitig je 42 M). Die zugenommenen M im Ajourmuster einfügen. Nach 40 cm (140 R) alle M abk.
Die Teile zusammennähen. Aus dem Ausschnittrand von rechts 122 M aufnehmen und 1 Rd li M, 1 Rd re M und 1 Rd li M str. In der 3. Rd gleichzeitig abk.

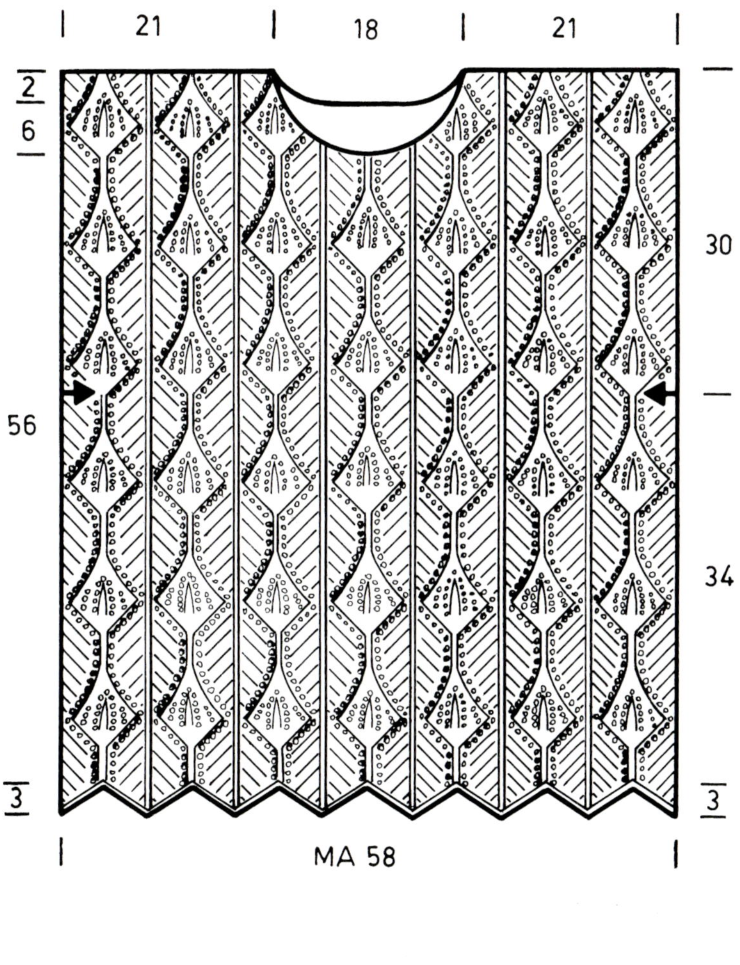

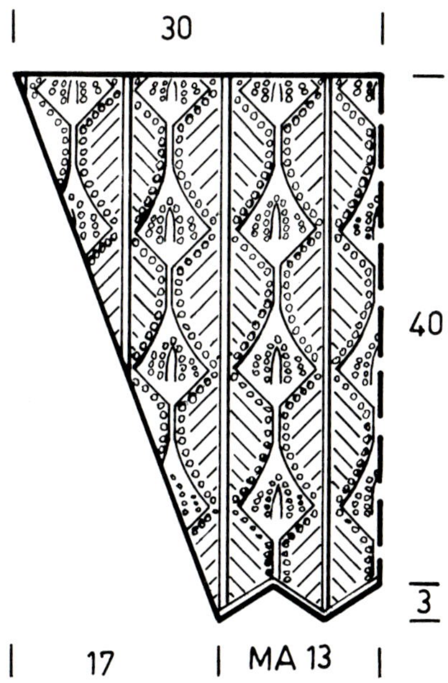

Ajourmuster 1

In der Breite ist ein Mustersatz gegeben, der zu wdh. ist. In den nichtgegebenen Rück-R alle M und U li str. Die 1.-10. R wdh.

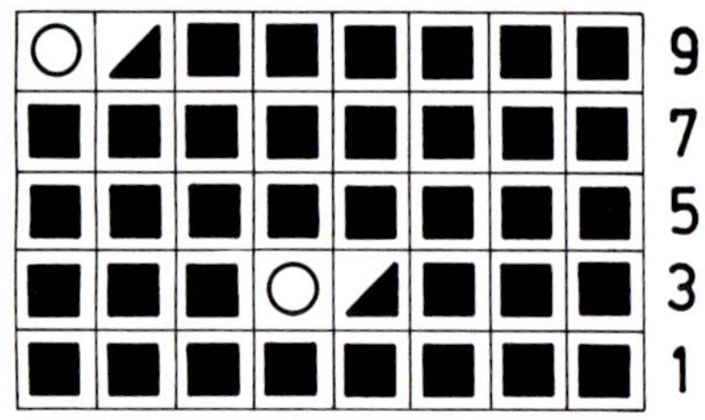

Ajourmuster 2

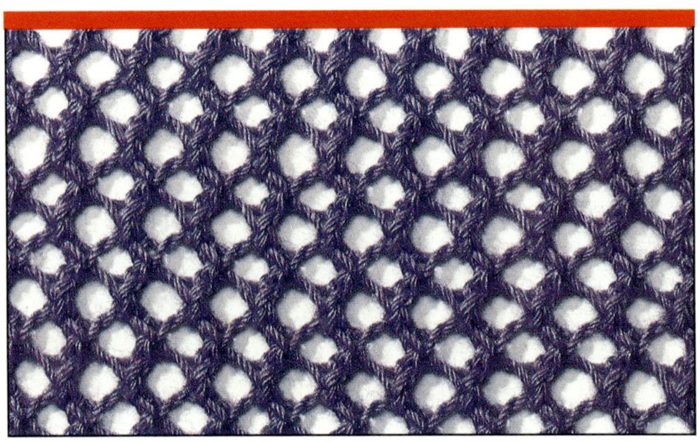

In der Breite sind 2 Mustersätze gegeben, die zu wdh. sind.
Die 1.-4. R wdh.

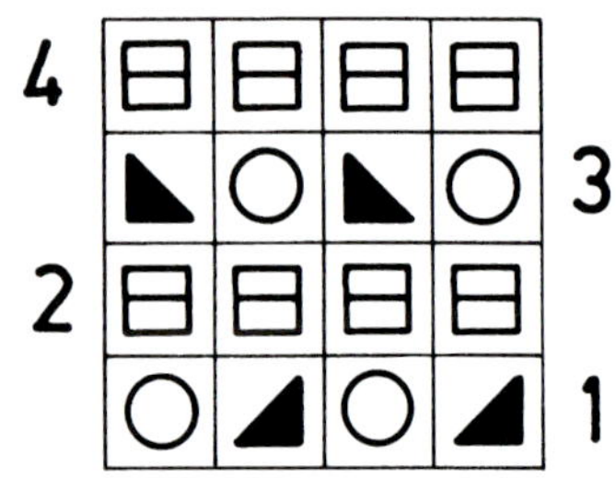

Ajourmuster 3

In der Breite ist ein Mustersatz gegeben, der zu wdh. ist. In den nichtgegebenen Rück-R alle M und U li str. Die 3.-6. R wdh.

Ajourmuster 4

In der Breite ist innerhalb der starken Linien ein Mustersatz gegeben, der zu wdh. ist. Die M außerhalb der Linien nur am Anfang und Ende der R str. In den nichtgegebenen Rück-R alle M und U li str. Die 1.-8. R wdh.

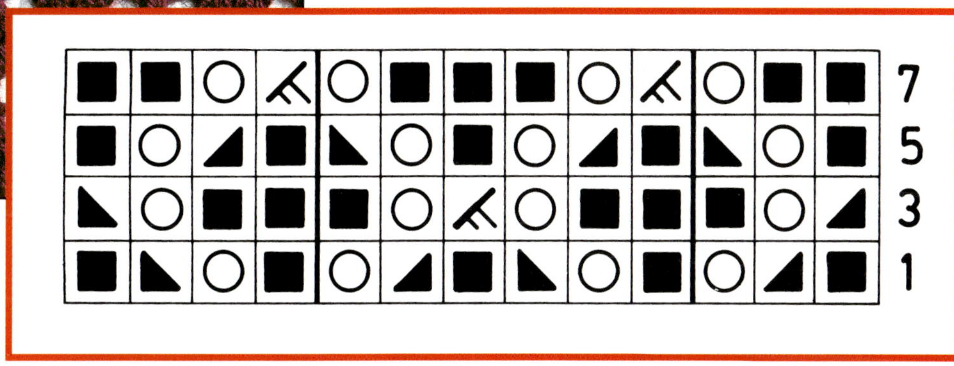

Ajourmuster 5

In der Breite ist innerhalb der starken Linien ein Mustersatz gegeben, der zu wdh. ist. Die M außerhalb der Linien nur am Anfang und Ende der R str. In den nichtgegebenen Rück-R alle M und U li str. Die 3.-20. R wdh.

Ajourmuster 6

In der Breite ist innerhalb der starken Linien ein Mustersatz gegeben, der zu wdh. ist. Die M außerhalb der Linien nur am Anfang und Ende der R str. In den nichtgegebenen Rück-R alle M und U li str., die re verschränkt gestr. M li verschränkt str. Die 1.-20. R wdh.

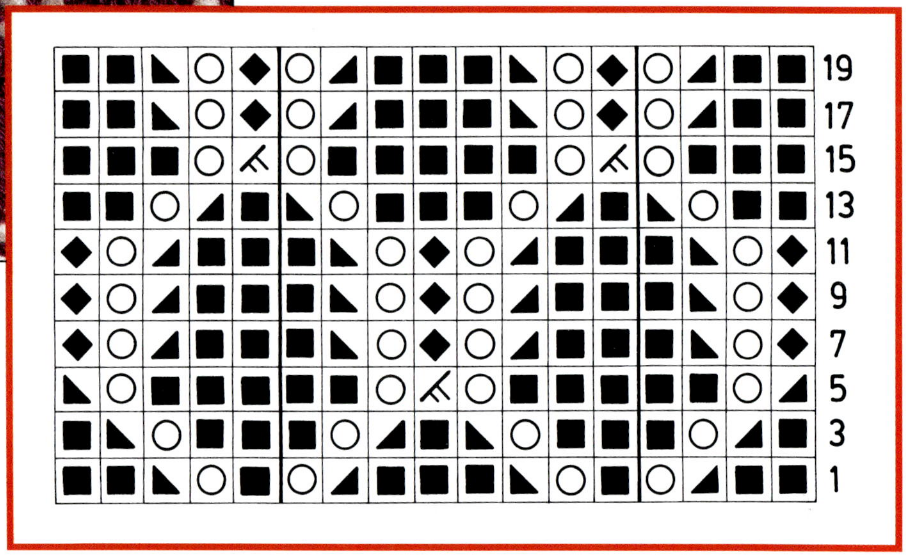

Ajourmuster 7

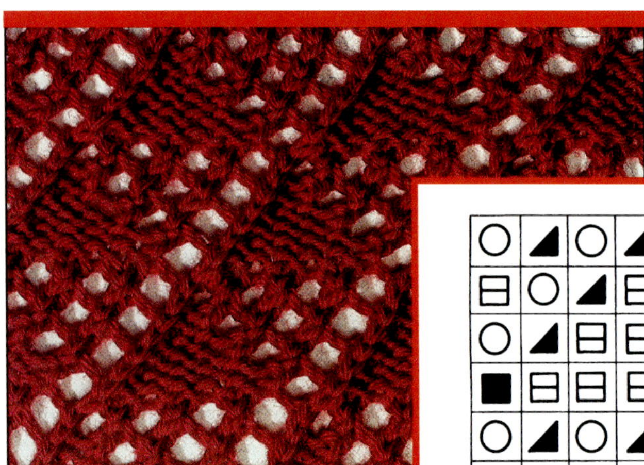

In der Breite ist innerhalb der starken Linien ein Mustersatz gegeben, der zu wdh. ist. Die M außerhalb der Linien nur am Anfang und Ende der R str. In den nichtgegebenen Rück-R alle M so str., wie sie erscheinen, die U li str. Die 1.-16. R wdh.

Ajourmuster 8

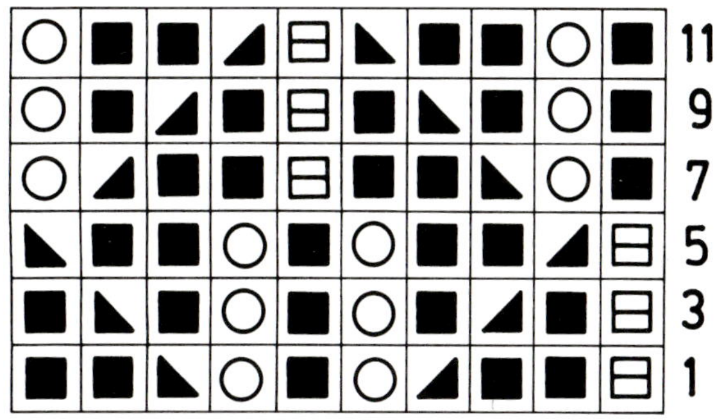

In der Breite ist ein Mustersatz gegeben, der zu wdh. ist. In den nichtgegebenen Rück-R alle M so str., wie sie erscheinen, die U li str. Die 1.-12. R wdh.

Ajourmuster 9

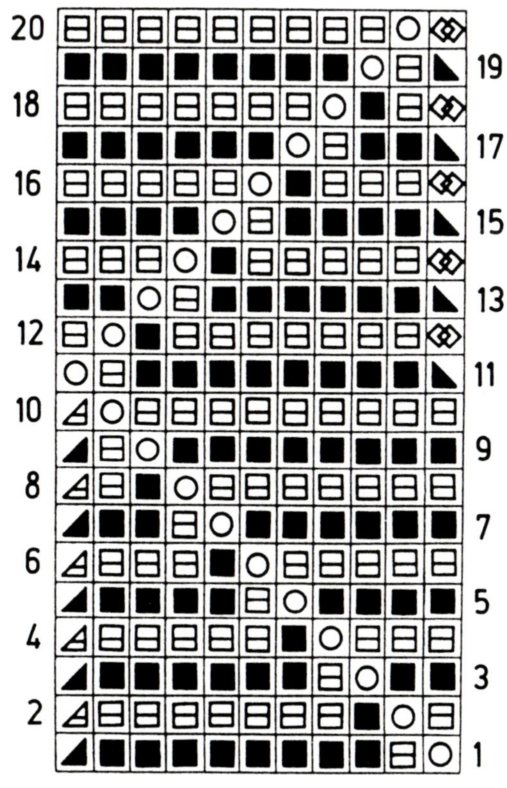

In der Breite ist ein Mustersatz gegeben, der zu wdh. ist. Die 1.-20. R wdh.

Ajourmuster 10

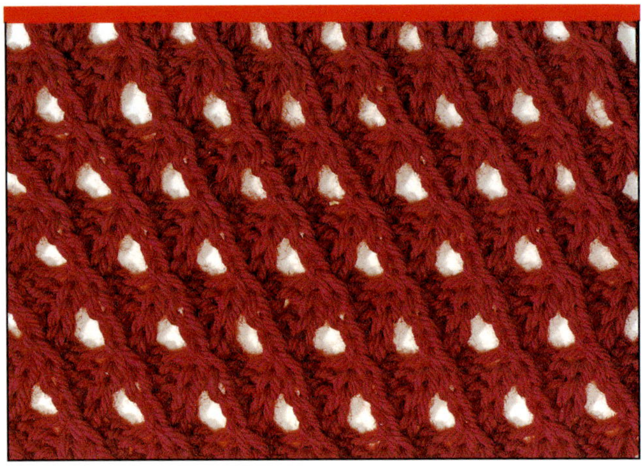

In der Breite ist innerhalb der starken Linien ein Mustersatz gegeben, der zu wdh. ist. Die M außerhalb der Linien nur am Anfang und Ende der R str. In den nichtgegebenen Rück-R die M so str., wie sie erscheinen, die Doppelumschläge re und re verschränkt str. Die 1.-8. R wdh.

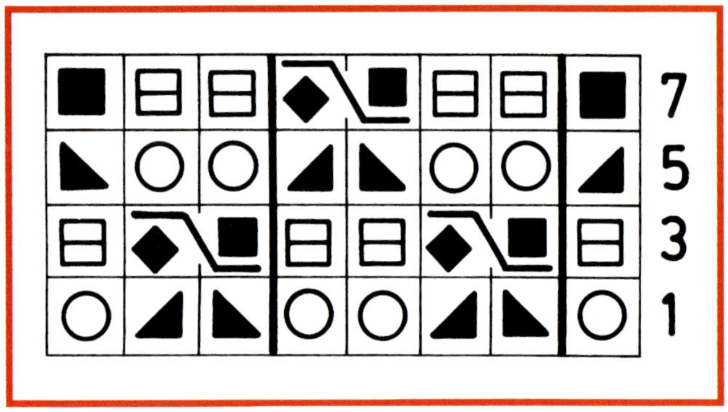

Ajourmuster 11

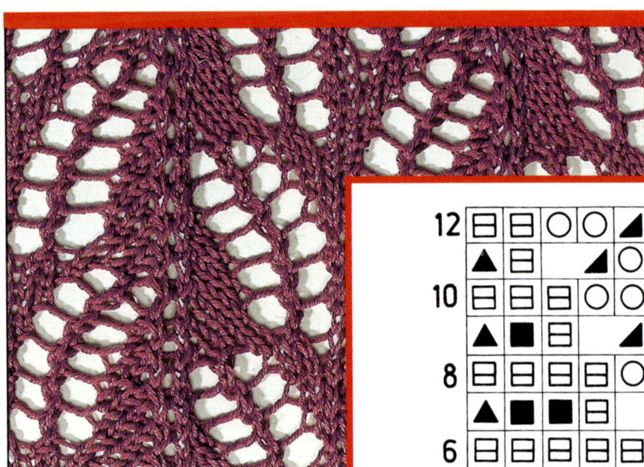

In der Breite ist ein Mustersatz gegeben, der zu wdh. ist. Die leeren Flächen haben für das Str. keine Bedeutung. Die 1.-12. R wdh.

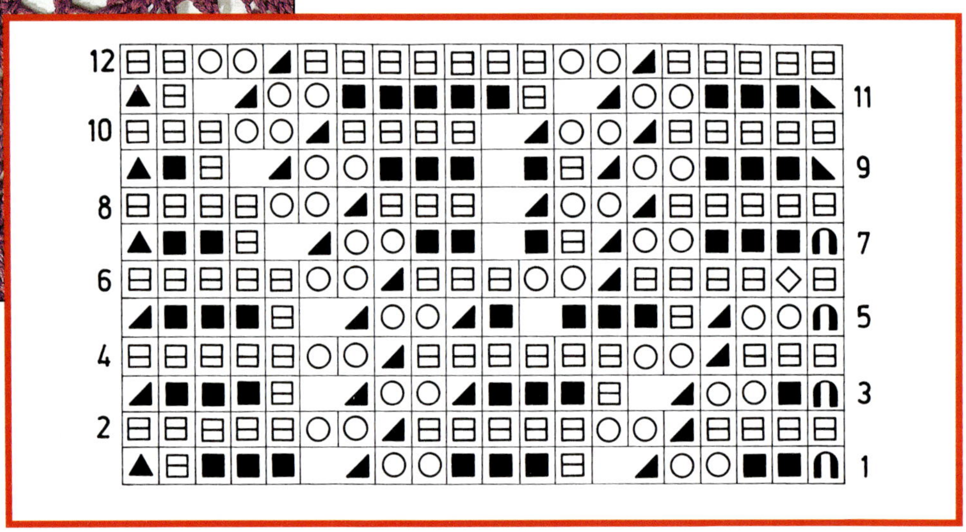

Ajourmuster 12

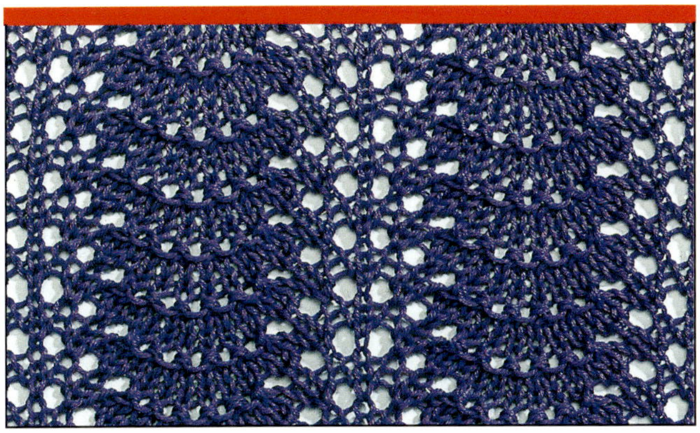

In der Breite ist ein Mustersatz gegeben, der zu wdh. ist. In den nichtgegebenen Rück-R alle M und U li str. Die 1.-4. R wdh.

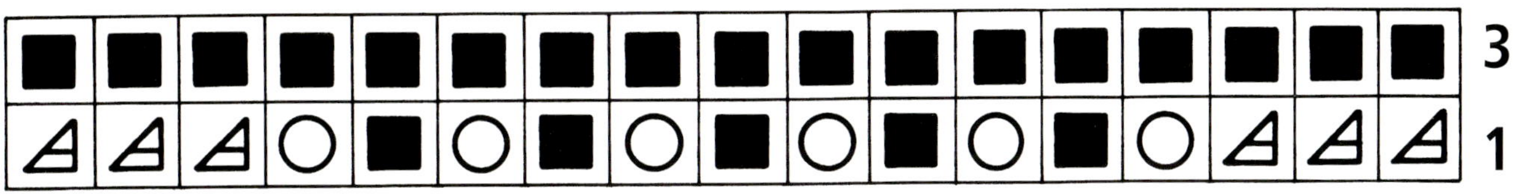

Ajourmuster 13

In der Breite ist ein Mustersatz gegeben, der zu wdh. ist. Die leeren Flächen haben für das Str. keine Bedeutung. Die 1.-4. R wdh.

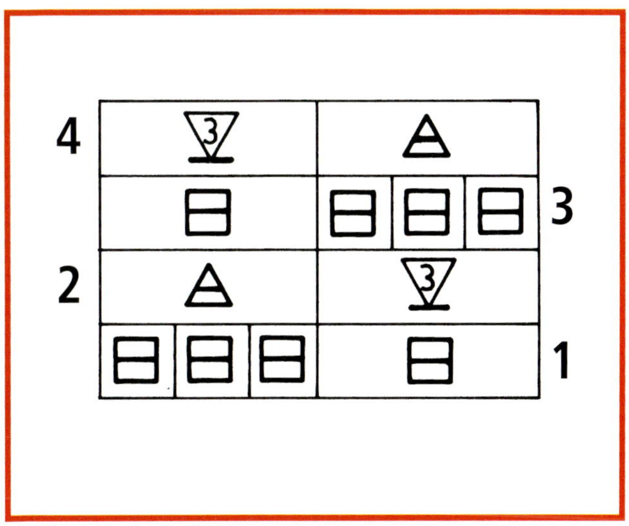

Ajourmuster mit Hohlsaum 14

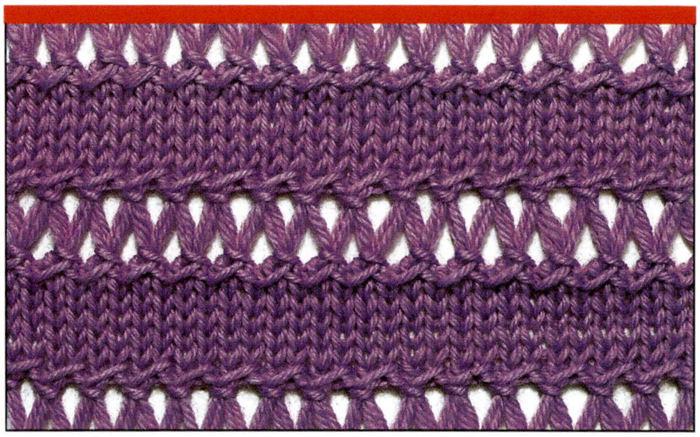

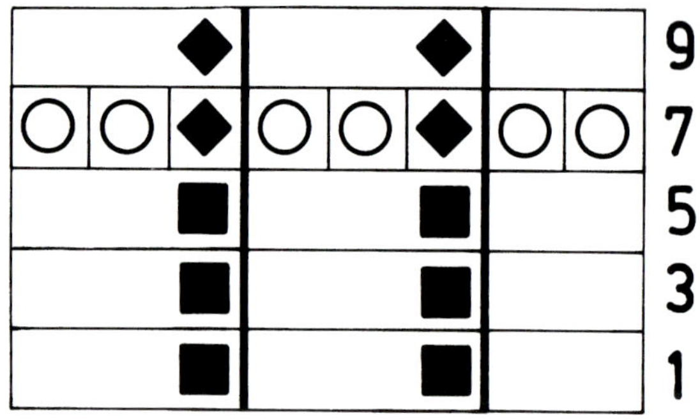

In der Breite ist innerhalb der Linien ein Mustersatz gegeben, der zu wdh. ist. Die M außerhalb der Linien nur am Anfang und Ende der R str. Die leeren Flächen haben für das Str. keine Bedeutung. In den nichtgegebenen Rück-R alle M li str. und die U fallen lassen. Die 3.-10. R wdh. Die 1.-6. R und 8. + 9. R mit Nadeln Nr.3 und die 7. R mit Nadeln Nr 5 str. Das Umstechen der Fäden zeigen die Zeichnungen a und b.

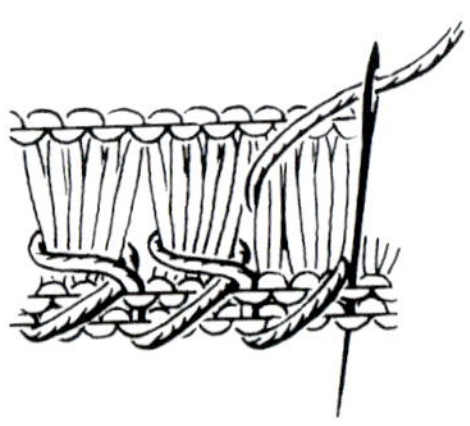

a

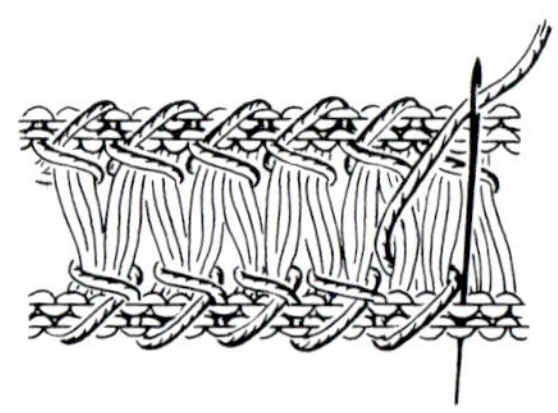

b

Ajourmuster mit Hohlsaum 15

In der Breite ist ein Mustersatz gegeben, der zu wdh. ist. In den nichtgegebenen Rück-R alle M und U li str. Die 3.und 4. R wdh. Beim Abketten aus dem letzten querliegenden M-Draht der fallengelassenen M 1 M li str. Zuletzt die querliegenden M-Drähte der aufgelösten M bündeln. Dafür mit Faden und Stopfnadel je 6 Fäden umstechen und festziehen.

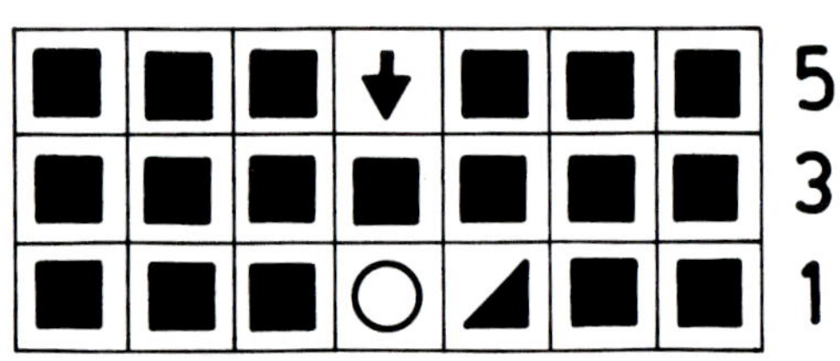

Ajourmuster 16

In der Breite ist ein Mustersatz gegeben, der zu wdh. ist. In den nichtgegebenen Rück-R alle M so str., wie sie erscheinen, die U li str. Die 1.-12. R wdh.

Ajourmuster 17

In der Breite ist innerhalb der starken Linien ein Mustersatz gegeben, der zu wdh. ist. Die M außerhalb der Linien nur am Anfang und Ende der R str. In den nichtgegebenen Rück-R die M so str., wie sie erscheinen und die U li str. Die 1.-28. R wdh

Jacquardmuster

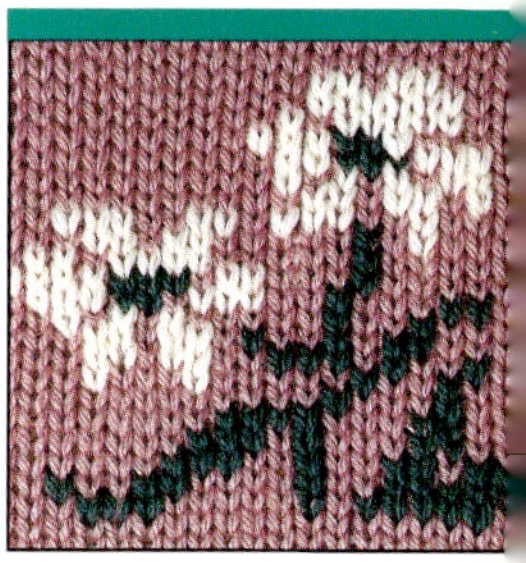

Zarte Farben für

zarte Blüten.

Die Käntchen werden

zum Teil noch im

Maschenstich bestickt.

Für Größe 40-42.

Pullover mit Rosenkanten

Größe 40-42

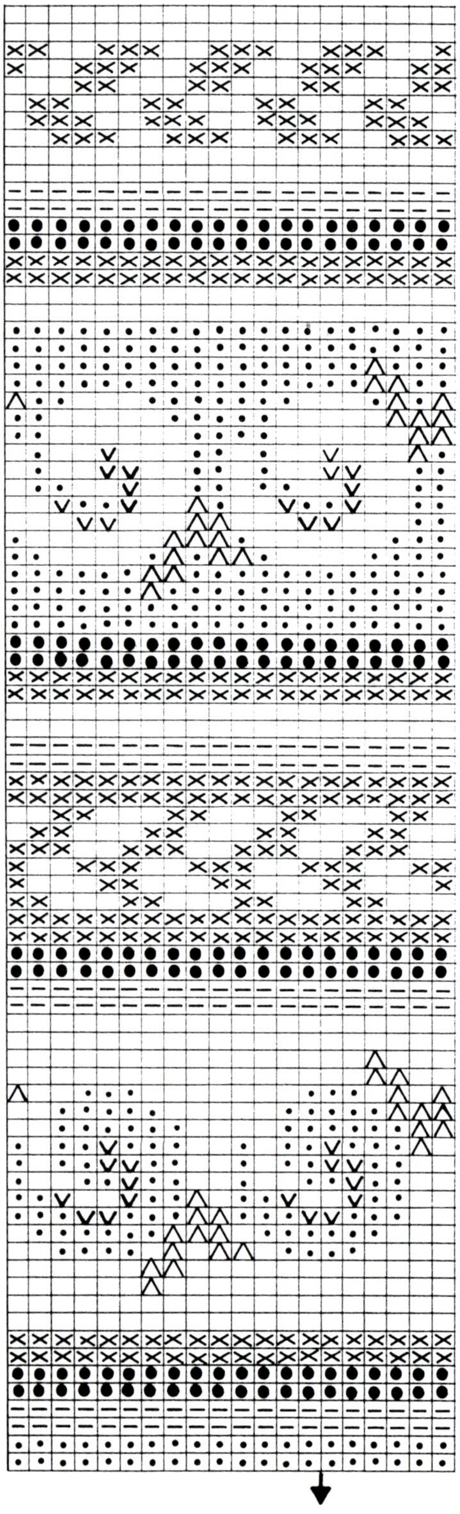

Material:
Schachenmayr »Extra« (100% Schurwolle, Lauflänge: 50 g = ca. 125m), etwa 500g natur (Fb 3502), 150g orchidee (Fb 3543), 150g heide (Fb 3589), 50g flieder (Fb 3541) und 50g efeu (Fb 3558), Stricknadeln und Rundstricknadeln Nr. 3 und 4.

Glatt re
(Nadeln Nr. 4): In den Hin-R re M, in den Rück-R li M, in Rd stets re M str.
M-Probe:
24 M/32 R = 10 cm.

Jacquardmuster
(Nadeln Nr.4): Nach dem Zählmuster str. Die zweifarbigen R mit 2 Farbfäden arbeiten. Den nichtgebrauchten Faden auf der Musterrückseite lose weiterführen. Das Zählmuster gibt in Breite und Höhe einen Mustersatz, der fortlaufend zu wdh. ist. Zuletzt dem Zählmuster entsprechend die Stickerei im Strickstich ausführen (siehe Zeichnung Seite 15).
M-Probe:
24 M/30 R = 10 cm.

Vorder-und Rückenteil:
MA natur = je 60 cm (142 M + 2 Rand- M). Zunächst mit Nadeln Nr. 3 für den im Schnitt nichtgegebenen Saum 7 R glatt re str. In der folgenden Rück-R für die Zackenkante abw. 1U bilden und 2 M li zusammenstr. und noch 8 R glatt re str. (Umschläge re). Dann mit Nadeln Nr. 4 im Jacquardmuster weiterarbeiten.
Vorderer Halsausschnitt nach 58 cm (176 R von der Blende an): in der Mitte 16 M abk., beiderseitig in jeder 2. R 1mal 4 M, 2mal 3 M, 2mal 2 M, 4mal 1 M abn. und noch 6 R geradestr.
Hinterer Halsausschnitt nach 63 cm (190 R von der Blende an): in der Mitte 28 M abk., beiderseitig in jeder 2. R 1mal 5M, 1mal 4 M, 1mal 2 M und 1mal 1 M abn. Die Schulter-M abk.

Ärmel:
MA natur = je 26 cm (62 M + 2 Rand- M). Zunächst mit Nadeln Nr. 3 für den im Schnitt nichtgegebenen Saum 7 R glatt re str. In der folgenden Rück-R für die Zackenkante abw. 1U bilden und 2 M li zusammenstr. und noch 8 R glatt re str. (Umschläge re). Dann mit Nadeln Nr. 4 die ersten 32 R des Jacquardmusters (Pfeil am Zählmuster = Ärmelmitte) und anschließend naturfarben glatt re str. Für die Ärmelschrägungen beiderseitig 41x in jeder 3. R 1 M zun.

Ausschnittblende:
MA natur = 46 cm (110 M). Zunächst 7Rd glatt re str., dabei 4Rd mit Nadeln Nr.4 und 3Rd mit Nadeln Nr.3 arbeiten. In der folgenden Rd für die Zackenkante abw. 1U bilden und 2 M re verschränkt zusammenstr., dann 4Rd mit Nadeln Nr.3 und 4Rd mit Nadeln Nr.4 glatt re str. Die M auf einen Faden ziehen. Die Stickerei ausführen, dann die Teile zusammennähen. Die M der Blende mit Steppstichen aufnähen (siehe Zeichnung Seite 15), zur Hälfte nach links umschlagen und annähen.

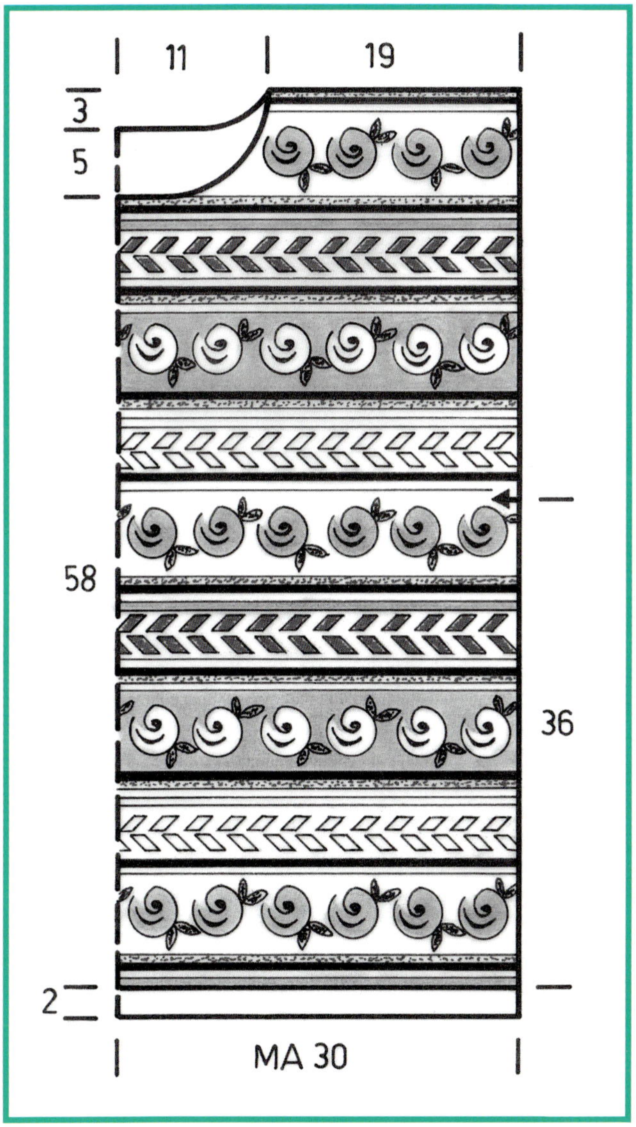

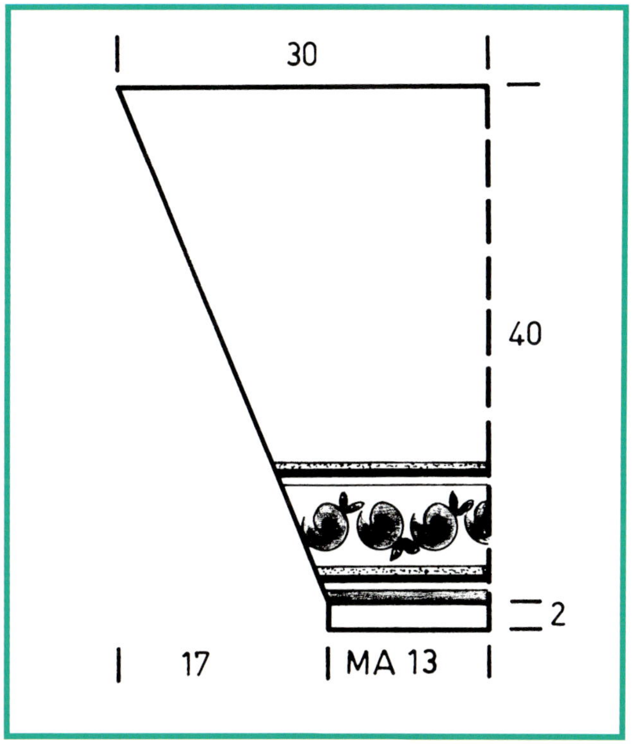

Zeichenerklärung:

□	=	1 naturfarbene M
⊡	=	1 orchideefarbene M
⊟	=	1 fliederfarbene M
●	=	1 efeufarbene M
☒	=	1 heidefarbene M
V	=	1 heidefarbener Strickstich
Λ	=	1 efeufarbener Strickstich

Jacquardmuster 1

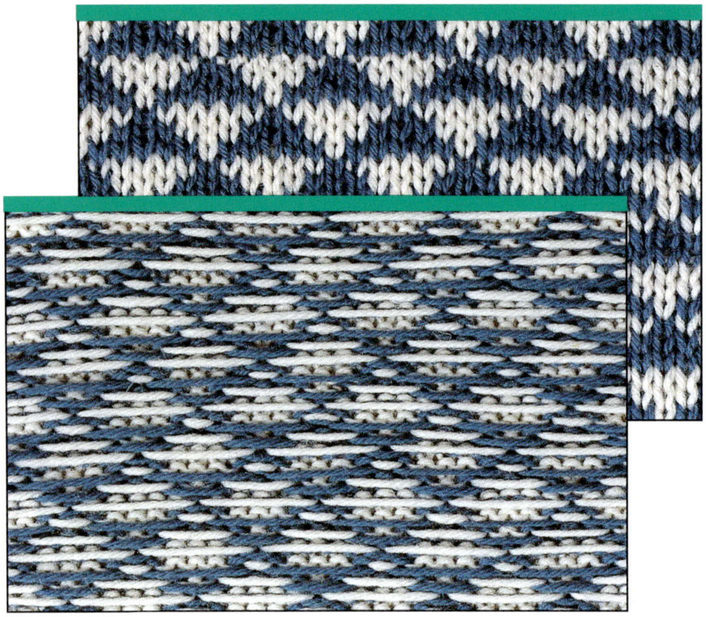

Mit 2 Farbfäden glatt re str. Den nichtgebrauchten Faden auf der Musterrückseite lose weiterführen.
Den Mustersatz innerhalb der Pfeile wdh.

Zeichenerklärung:

☐ = 1 weiße M
⊡ = 1 hellblaue M
Vorderseite Rückseite

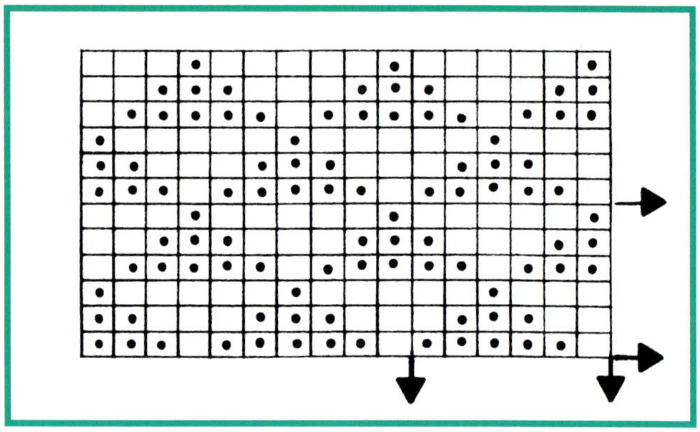

Jacquardmuster 2

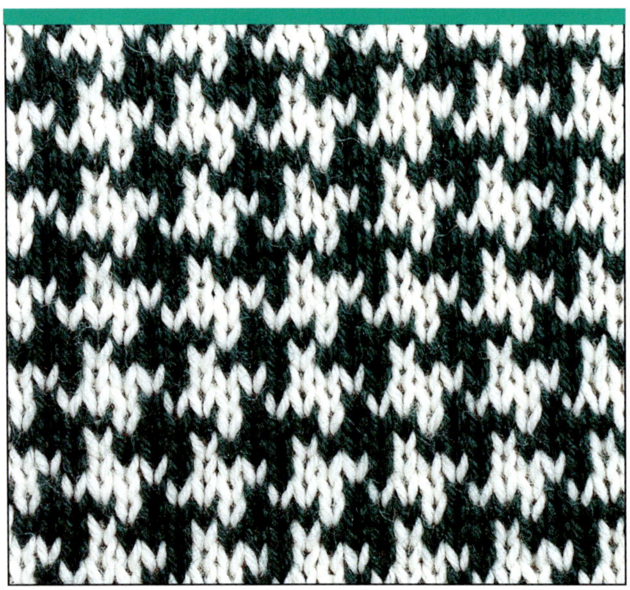

Mit 2 Farbfäden glatt re str. Den nichtgebrauchten Faden auf der Musterrückseite lose weiterführen.
Den Mustersatz innerhalb der Pfeile wdh.

Zeichenerklärung:

☐ = 1 weiße M
☒ = 1 grüne M

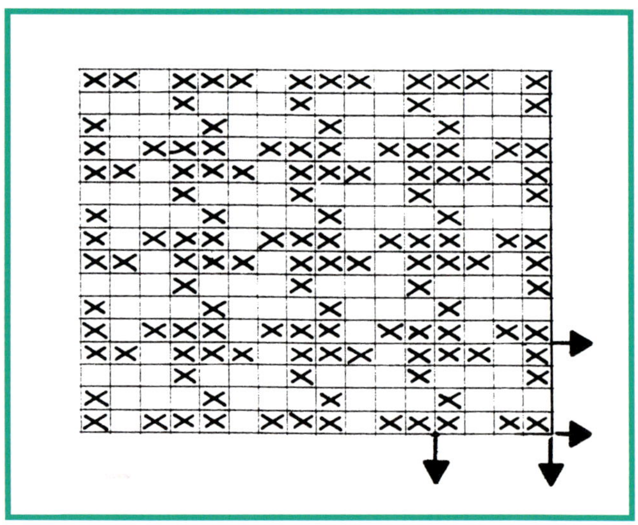

Jacquardmuster 3

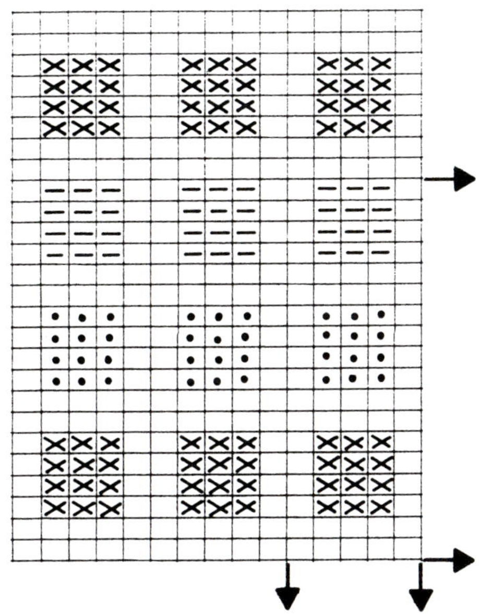

Glatt re str. In den zweifarbigen R mit 2 Farbfäden arbeiten. Den nichtgebrauchten Faden auf der Musterrückseite lose weiterführen. Den Mustersatz innerhalb der Pfeile wdh.

Zeichenerklärung:

- □ = 1 weiße M
- ⊠ = 1 grüne M
- ⊡ = 1 dunkelblaue M
- ⊟ = 1 hellblaue M

Jacquardmuster 4

Glatt re str. In den zweifarbigen R mit 2 Farbfäden arbeiten. Den nichtgebrauchten Faden auf der Musterrückseite lose weiterführen. Den Mustersatz innerhalb der Pfeile wdh.

Zeichenerklärung:

- □ = 1 weiße M
- ⊡ = 1 hellblaue M
- ⊠ = 1 dunkelblaue M

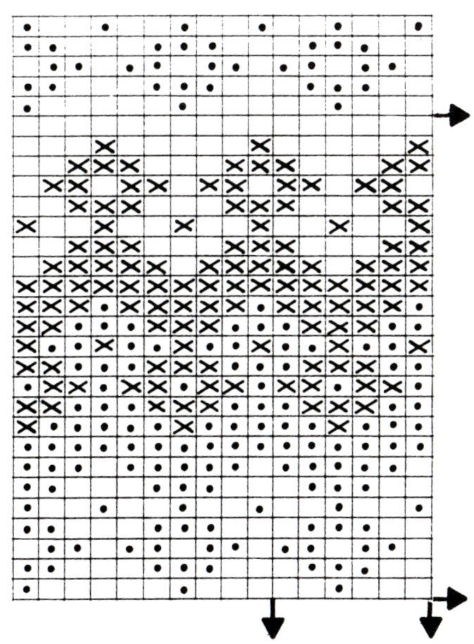

Jacquardmuster 5

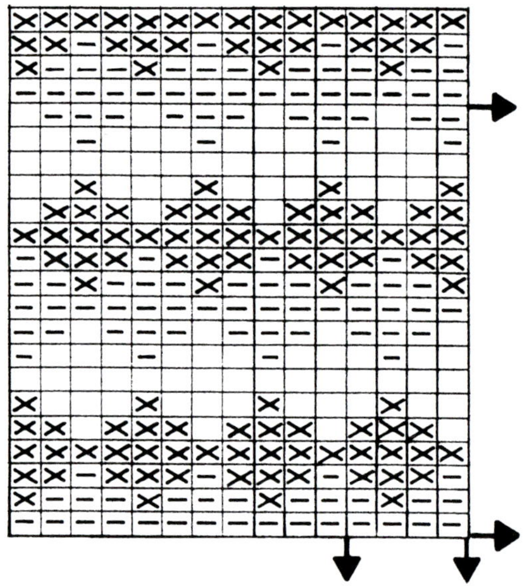

Glatt re str. In den zweifarbigen R mit 2 Farbfäden arbeiten. Den nichtgebrauchten Faden auf der Musterrückseite lose weiterführen. Den Mustersatz innerhalb der Pfeile wdh.

Zeichenerklärung:

- [–] = 1 türkisfarbene M
- [X] = 1 weinrote M
- [ ] = 1 altrosafarbene M

Jacquardmuster 6

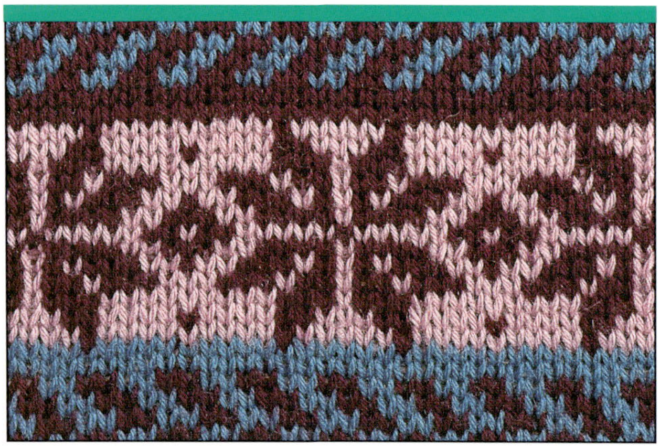

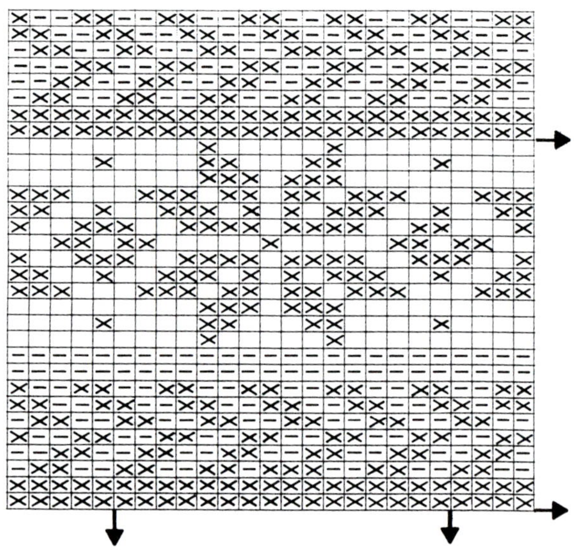

Glatt re mit 2 Farbfäden str. Den nichtgebrauchten Faden auf der Musterrückseite lose weiterführen. Bei Fadenflottungen über mehr als 5 M den Faden einbinden (siehe Seite 14). Den Mustersatz innerhalb der Pfeile wdh.

Zeichenerklärung:

- [X] = 1 weinrote M
- [–] = 1 türkisfarbene M
- [ ] = 1 altrosafarbene M

Jacquardmuster 7

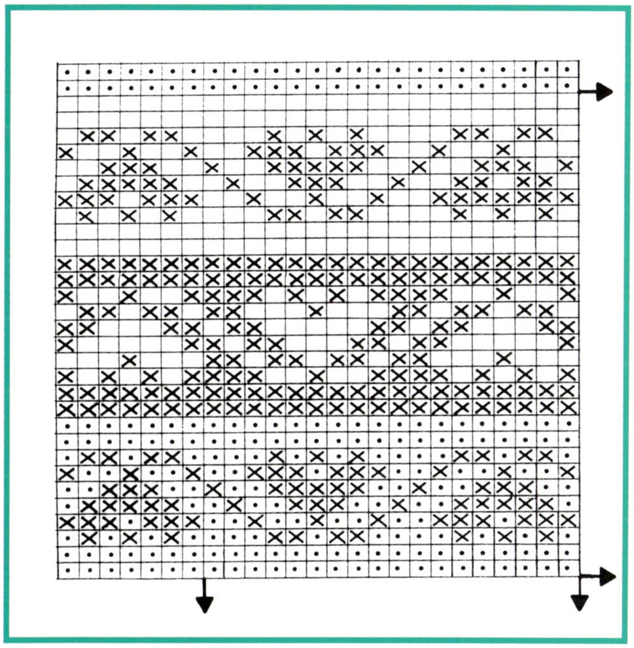

Glatt re str. In den zweifarbigen R mit 2 Farbfäden arbeiten. Den nichtgebrauchten Faden auf der Musterrückseite lose weiterführen. Den Mustersatz innerhalb der Pfeile wdh.

Zeichenerklärung:

- • = 1 altrosafarbene M
- ☒ = 1 weinrote M
- ☐ = 1 weiße M

Jacquardmuster 8

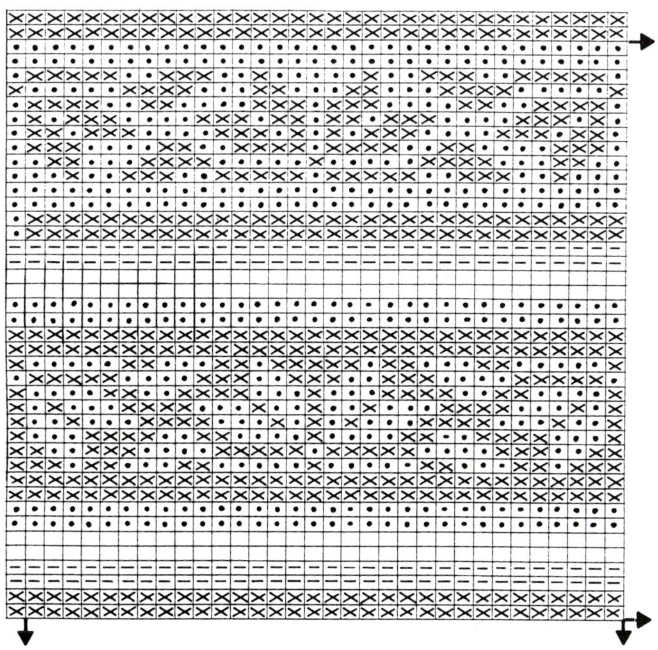

Glatt re str. In den zweifarbigen R mit 2 Farbfäden arbeiten. Den nichtgebrauchten Faden auf der Musterrückseite lose weiterführen. Den Mustersatz innerhalb der Pfeile wdh.

Zeichenerklärung:

- ☒ = 1 dunkelblaue M
- – = 1 hellblaue M
- ☐ = 1 weiße M
- • = 1 altrosafarbene M

Strickstiche aufsticken 9

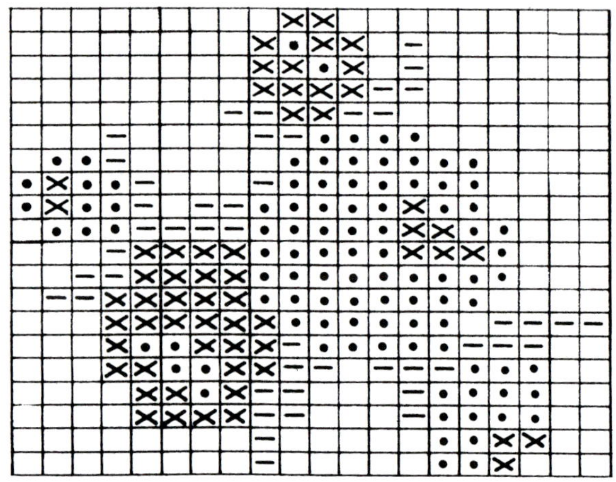

Das Rosenmotiv nach dem Zählmuster auf den Rechtsmaschengrund mit Strickstichen aufsticken. Die M von rechts nach links aufnehmen und in den Ausgangspunkt zurückstechen (Zeichn. S. 15).

Zeichenerklärung:

- ☐ = 1 wollweiße gestr. M
- ☒ = 1 weinroter Strickst.
- ⊡ = 1 altrosafarb. Strickst.
- ⊟ = 1 grüner Strickstich

Strickstiche aufsticken 10

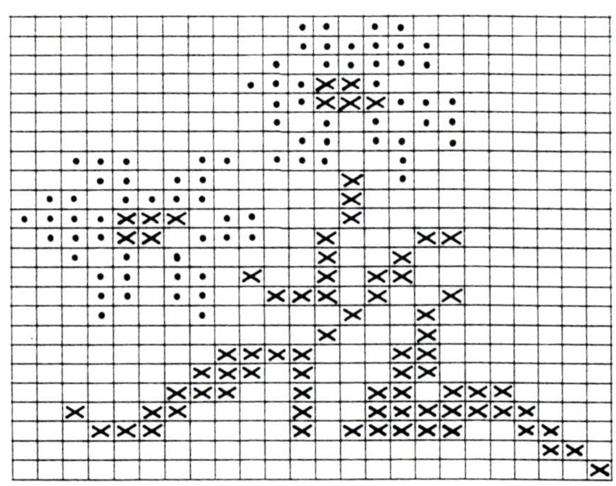

Das Blumenmotiv mit Strickstichen aufsticken. Die M von rechts nach links aufnehmen und in den Ausgangspunkt zurückstechen (siehe Zeichnung Seite 15).

Zeichenerklärung:

- ☐ = 1 altrosafarb. gestr. M
- ☒ = 1 grüner Strickstich
- ⊡ = 1 wollweißer Strickst.

Farbflächen 11

Glatt re str. Jede Farbfläche mit einem Extraknäuel arbeiten. Beim Farbübergang die Fäden auf der Musterrückseite verkreuzen (Zeichnung auf Seite 14).

Zeichenerklärung:

1 = wollweiß 3 = weinrot
2 = olivgrün 4 = altrosa
Vorderseite Rückseite

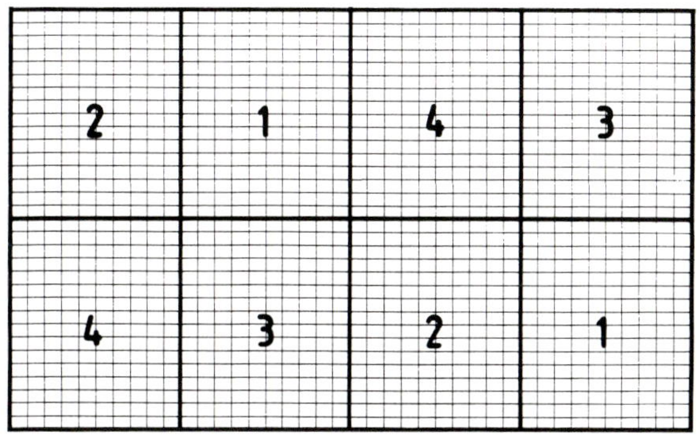

Farbflächen 12

Glatt re str. Jede Farbfläche mit einem Extraknäuel arbeiten. Beim Farbübergang die Fäden auf der Musterrückseite verkreuzen (siehe Zeichnung auf Seite 14).

Zeichenerklärung:

1 = blaugrün
2 = wollweiß
3 = olivgrün

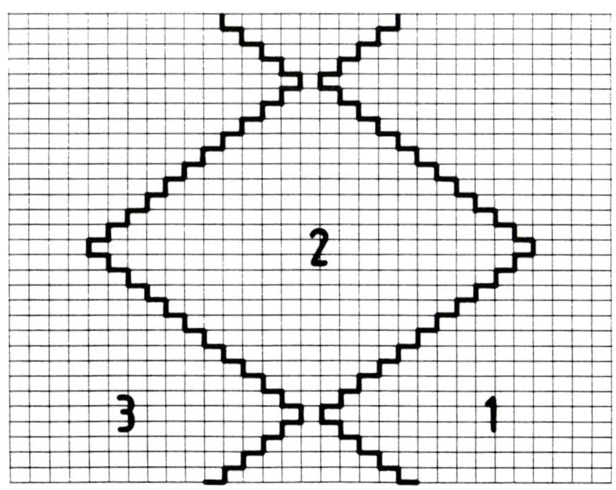

Socken und Strümpfe

Socken stricken

ist nicht schwer!

Nach unseren genauen

Anleitungen und den

Tips auf Seite 27

alles kein Problem!

Ringelsocken

Schuhgröße 38-40

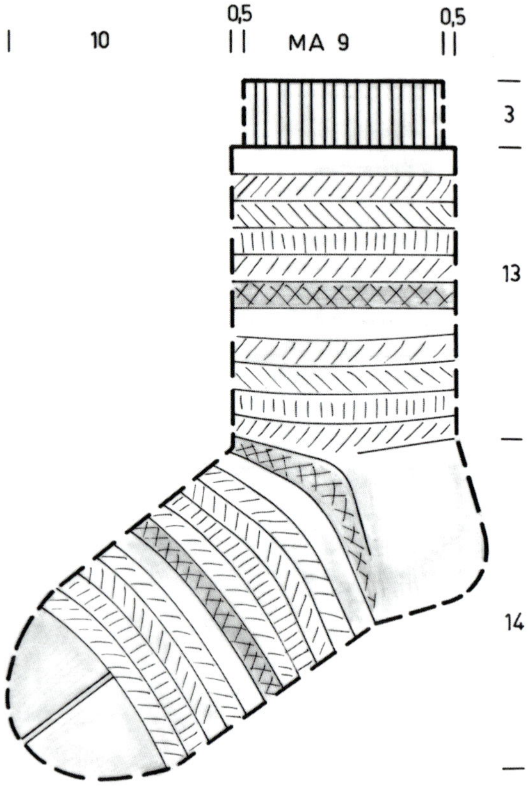

Material:
Schachenmayr »Extra« (100% Schurwolle, Lauflänge: 50 g = ca. 125 m), je etwas burgund (Fb 3535), sienna (Fb 3581), rot (Fb 3534), nougat (Fb 3575), »Universa« (55% Schurwolle, 45% Polyacryl, Lauflänge: 50g = ca. 125m) je etwas feuer (Fb 5612) und kirsche (Fb 5614), ein Spiel Stricknadeln Nr. 3.

Rippenmuster:
Abw. 1 M li, 1 M re str.
M-Probe: 24 M = 10 cm.

Ringelmuster:
Glatt re str. Farbfolge: je 4 Rd sienna, rot, kirsche, nougat, feuer, burgund.
M-Probe:
22 M / 34Rd = 10 cm.

Söckchen:
MA burgund = je 18 cm (44 M). Im Rippenmuster 3 cm (10 Rd) str. Anschließend im Ringelmuster str. Der Rundenübergang liegt in der hinteren Mitte. Nach 13 cm (44 Rd) im Ringelmuster die M des Fußblattes (22 M) auf den Nadeln lassen und die Ferse über 22 M 16 R hoch burgund glatt re str. Dann die M in 3 Teile teilen und über die mittleren 8 M in R glatt re str. Dabei für das Käppchen am Ende jeder Hin-R die letzte der 8 Mittel-M mit der folgenden M überzogen zusammenstr. (1 M wie zum Rechtsstr. abheben, 1 M re str. und die abgehobene M darüberziehen), wenden, die zusammengestr. M mit vorgelegtem Faden abheben und zurückstr. Am Ende jeder Rück-R die letzte der 8 Mittel-M mit der folgenden M li zusammenstr., wenden, die zusammengestr. M mit hintergelegtem Faden abheben und zurückstr. Sind nach Beendigung des Käppchens alle seitlichen M abgenommen, jedes hintere M-Glied der Rand-M der Ferse aufnehmen (je 8 M) und über alle 46 M in Rd weiter im Ringelmuster str. Die aufgenommenen M in der 1. Rd re verschränkt str. Zur Bildung der Zwickel 2mal in jeder 2. Rd die erste M des Fußblattes mit der vorhergehenden M re zusammenstr. und die letzte M des Fußblattes mit der folgenden M überzogen zusammenstr., so daß dann noch 42 M auf den Nadeln sind.

Nach weiteren 44 Rd für die Spitze burgund glatt re weiterstr. und 3mal in jeder 2.Rd und 6mal in jeder Rd beiderseitig nebeneinander 2 M re zusammenstr. und 2 M überzogen zusammenstr. Die letzten 6 M zusammenziehen.

Socken im Patentmuster

Schuhgröße 39-41

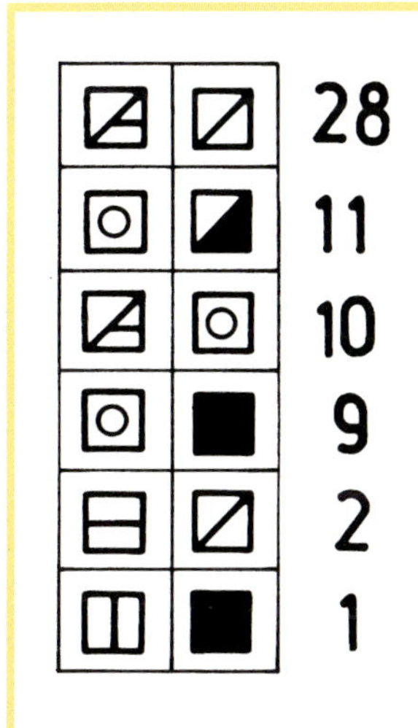

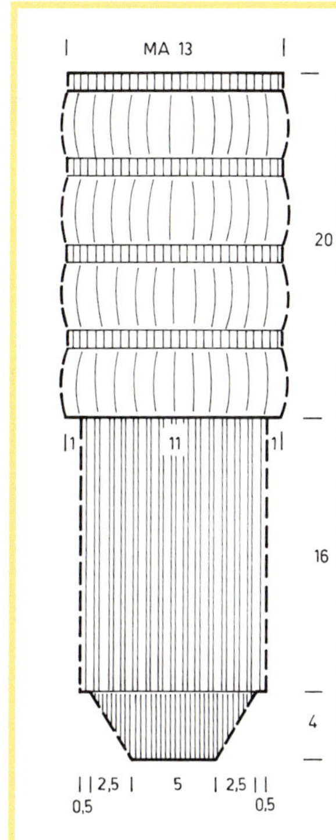

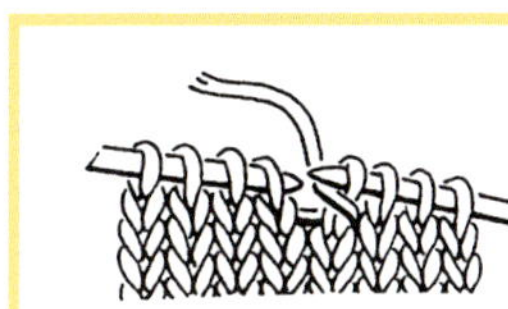
a

b

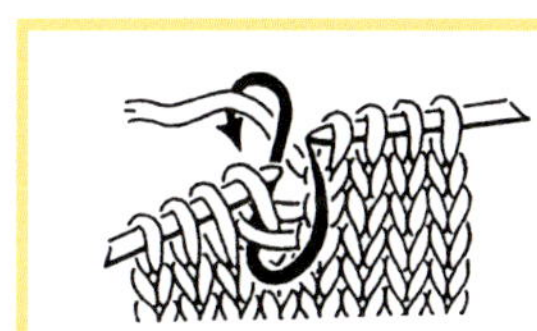
c

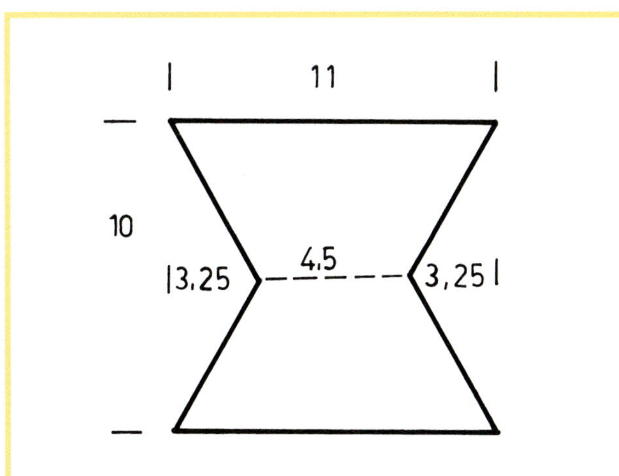

Material:
Schachenmayr »Extra« (100% Schurwolle, Lauflänge: 50g = ca. 125 m), etwa 250g curryfarben (Fb 3525), 1 Spiel Stricknadeln Nr.3.

Patentmuster:
Nach der Strickschrift arbeiten. Die 3.-8.Rd wie 1. und 2.Rd str., die 12.-27.Rd wie 10. und 11.Rd str. Die 1.-28.Rd wiederholen.
M-Probe: 28M/60Rd= 10cm.

Rippenmuster:
In R und Rd abw. 1M re, 1M li str. M-Probe:
34M / 34R bzw. Rd = 10cm.
Glatt re: In Rd stets re M str.
M-Probe: 24M = 10cm, 16Rd = 4cm.

Strümpfe:
MA = je 26cm (74 M). Im Patentmuster str. Nach 20cm (112 Rd) die M des Fußblattes (39 M) auf der Nadel lassen. Über die restlichen 35 M die Ferse im Rippenmuster gleich anstr. Zur Bildung der Ferse verkürzte R str. Dafür am Ende der folgenden 22 R je 1M weniger abstr., dafür die letzte M mit vorgelegtem Faden abheben, wenden, die M wieder mit vorgelegtem Faden abheben (Zeichn. a) und zurückstr. bis noch 13 M auf der Nadel sind. Dann am Ende jeder der folgenden 22 R wieder 1 M mehr abstr., dafür den vorgelegten Faden mitfassen, links mit abstricken (Zeichn. b) bzw. rechts mit abstricken (Zeichnung c). Weiter über 74 M im Rippenmuster. 54 Rd str. Für die obenauf re gestr. Spitze beim Musterübergang jede 2. und 3. M re zusammenstr. An beiden Seiten 7mal in jeder 2. Rd beiderseitig 3 M überzogen zusammenstr. (1 M wie zum Rechtsstr. abheben, 2 M re zusammenstr und die abgehobene M darüberziehen). Die letzten 22 M mit Stricknaht verbinden (Seite 17).

Kniestrümpfe im Zopfmuster

Schuhgröße 36-38

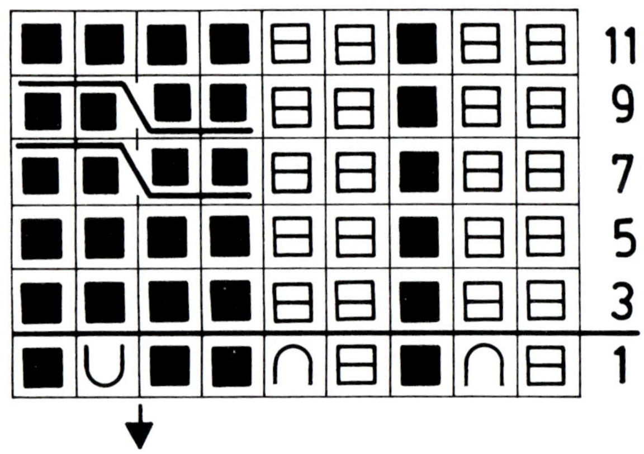

Material:
Schachenmayr »Extra« (100% Schurwolle, Lauflänge: 50 g = ca. 125 M), etwa 150 g petrol (Fb 3508), je ein Spiel Stricknadeln Nr. 3 und 3 1/2.

Rippenmuster
(Nadeln Nr. 3): Abw. 1 M li und 1 M re str.
M-Probe: 25 M = 10 cm.

Zopfmuster
(Nadeln Nr. 3 1/2): In Rd nach der Strickschrift arbeiten. In den nichtgegebenen Rd die M so str., wie sie erscheinen. In der Breite den Mustersatz wdh. Die 1.Rd gibt den Übergang vom Rippenmuster zum Zopfmuster mit den Zunehmestellen. Die 3.-12.Rd wdh.

Glatt re
(Nadeln Nr. 3 1/2): In den Hin-R re M, in den Rück-R li M, in Rd stets re M str.
M-Probe (beide Muster): 29 M / 33 R bzw. Rd = 10 cm.

Kniestrümpfe:
MA = je 18 cm (42 M). Im Rippenmuster 2 cm (8 Rd) str. Dann im Zopfmuster weiterarbeiten (7 Mustersätze, Pfeil an der Strickschrift = vordere Mitte).
In der 1. Rd der Strickschrift entsprechend M zunehmen (63 M). Nach 17 cm (56 Rd) und dann noch einmal nach 6 cm (20 Rd) in jedem Mustersatz 2 li M li zusammenstr., so daß dann jeder Mustersatz nur noch aus 7 M besteht (insgesamt 49 M). Nach weiteren 8 cm (26 Rd) die M des Fußblattes (24 M) auf den Nadeln lassen und die Ferse über 25 M 16 R hoch glatt re str. Dann die M in 3 Teile teilen und über die mittleren 9 M in R glatt re str. Für das Käppchen am Ende jeder Hin-R die letzte der 9 Mittel-M mit der folgenden M überzogen zusammenstr. (1 M wie zum Rechtsstr. abheben, 1 M re str. und die abgehobene M darüberziehen), wenden, die zusammengestr. M mit vorgelegtem Faden abheben und zurückstr. Am Ende jeder Rück-R die letzte der 9 Mittel-M mit der folgenden M li zusammenstr., wenden, die zusammengestr. M mit hintergelegtem Faden abheben und zurückstr. Sind nach Beendigung des Käppchens alle seitlichen M abgenommen, jedes hintere M-Glied der Rand-M der Ferse aufnehmen (je 8 M) und in Rd über die M des Fußblattes weiter im Zopfmuster, über alle anderen M glatt re str. Die aufgenommenen M in der 1.Rd re verschränkt str. Zur Bildung der Zwickel 2mal in jeder 2. Rd die erste M des Fußblattes mit der vorhergehenden M und die letzte M des Fußblattes mit der folgenden M li zusammenstr., so daß dann noch 45 M auf den Nadeln sind.

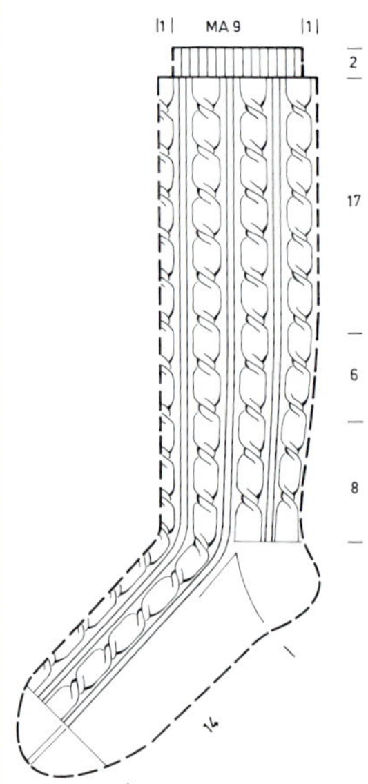

Nach 14 cm (46 Rd) für die Spitze glatt re weiterstr.: 5mal in jeder 2. Rd und 4mal in jeder Rd beiderseitig nebeneinander 2 M re zusammenstr. und 2 M überzogen zusammenstr. Die letzten 9 M zusammenziehen.

Socken im Noppenmuster

Schuhgröße 38-40

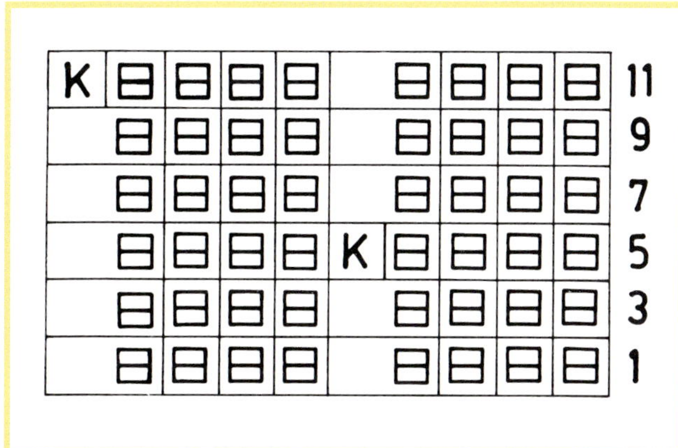

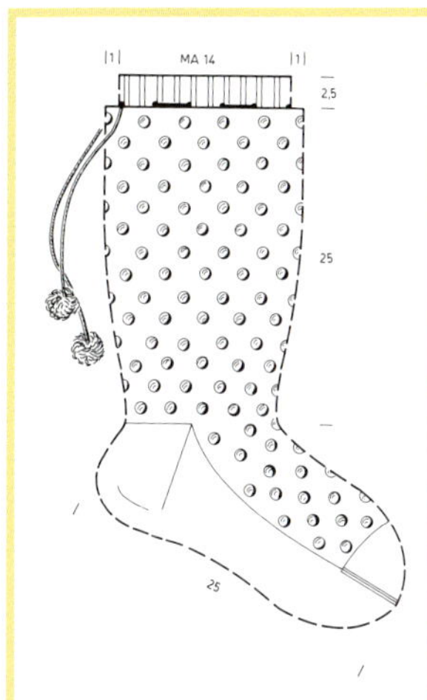

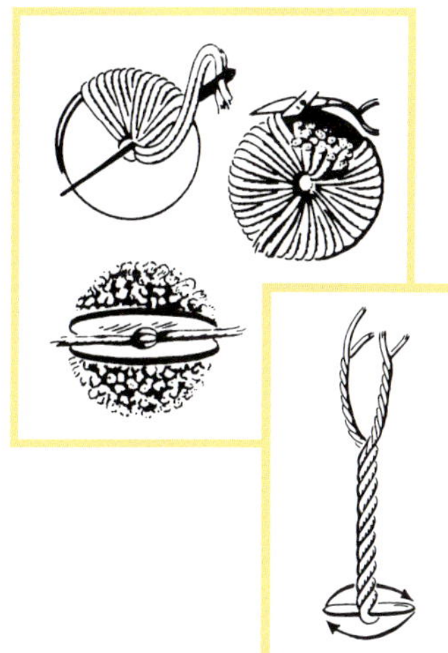

Material:
Schachenmayr »Extra« (100% Schurwolle, Lauflänge: 50 g = ca. 125 M), etwa 250g kobaltblau (Fb 3591), 1 Spiel Stricknadeln Nr. 3.
Rippenmuster:
Abw. 2 M re, 2 M li str.
M-Probe: 28 M = 10 cm.
Noppenmuster:
Nach der Strickschrift arbeiten. Die leeren Flächen haben für das Stricken keine Bedeutung. In den nichtgegebenen Rd alle M li str. Den Mustersatz in der Breite wiederholen.
Die 1.-12. Rd wiederholen.
M-Probe:
25 M/36 Rd =10cm.
Glatt re:
In Rd stets re M str., in R abw. 1R re, 1 R li str.
M-Probe:
25M/36 R bzw. Rd = 10cm.
Strümpfe:
MA = je 28cm (80 M).
Im Rippenmuster 2,5cm (10 Rd) str. In der letzten Rd für die Schnürlöcher jede 7. und 8. M li zusammenstr. und 1 Umschlag bilden. In der folgenden Rd die U li str. Dann im Noppenmuster weiterarbeiten. Zur Bildung der Schnittform in der 53., 59., 65. und 71. Rd neben jeder 2.Noppe 2 M li zusammenstr, so daß nach dem Abnehmen zwischen den Noppen nur noch je 6 M liegen. Noch 14 Rd geradestr. Dann den Füßling anarbeiten: Das Fußblatt weitergehend im Noppenmuster, Ferse, Sohle und Spitze obenauf re. Für die Ferse über 28 M in R str. Nach 22 R die M der Ferse in 3 Teile teilen und nur über die mittleren 10M str. Für das Käppchen am Ende jeder Hin-R die letzte der 10 Mittel-M mit der folgenden M überzogen zusammenstr., wenden und die zusammengestr. M mit vorgelegtem Faden abheben. Am Ende jeder Rück-R die letzte der 10 Mittel-M mit der folgenden M li zusammenstr., wenden, die 1.M mit hintergelegtem Faden abheben. Sind alle seitlichen M zusammengestr., aus den Rand-M der Ferse von rechts M herausholen (je 11 M) und im Zusammenhang über alle M in Rd weiterarbeiten. In der 1. Rd die herausgestr M re verschränkt str. Für den Zwickel 2mal in jeder 3. Rd die ersten 2 M der Sohle überzogen zusammenstr., die letzten 2 M der Sohle re zusammenstr.. Nach 15 cm für die Spitze beiderseitig 6mal in jeder 2. Rd und 6mal in jeder Rd vor 2 M 2 M re zusammenstr, nach 2 M 2 M überzogen zusammenstr. Die letzten 12 M zusammenziehen.
In die Schnürlöcher eine etwa 80 cm lange Schnur aus 6fachem Wollgarn einziehen und an den Enden je einen Pompon (Durchmesser 3,5 cm) annähen.

Söckchen im Ajourmuster

Schuhgröße 36-38

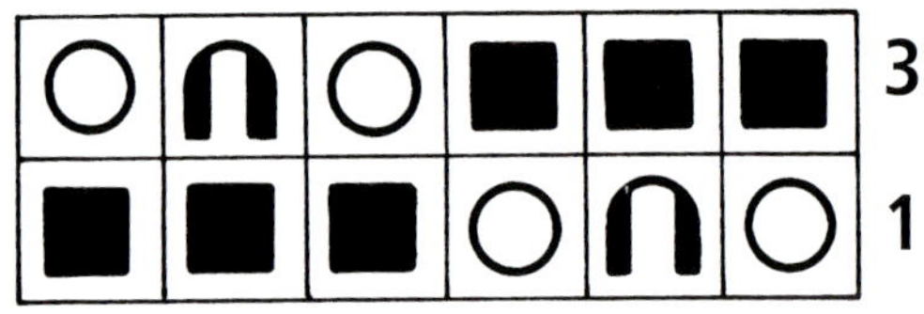

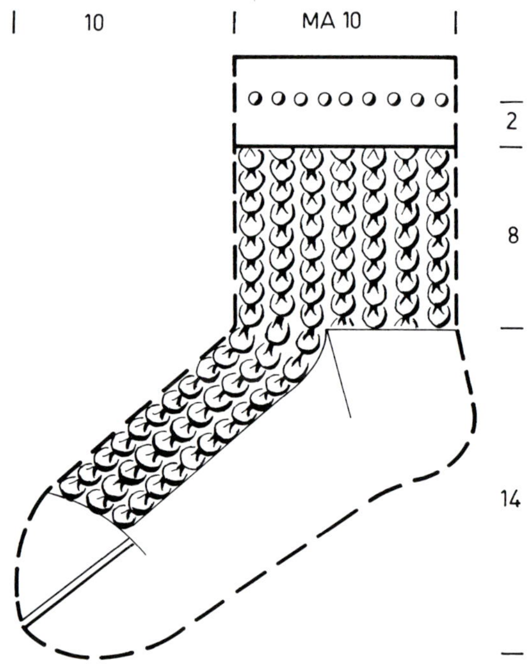

Material:
Schachenmayr »Extra« (100% Schurwolle, Lauflänge: 50 g = ca. 125 M), 100g kirsche (Fb 3534), ein Spiel Stricknadeln Nr. 3.

Ajourmuster:
Nach der Strickschrift arbeiten. In den nichtgegebenen Rd alle M und U re str. Den Mustersatz in der Breite wdh. Die 1.-4. Rd wdh.
M-Probe: 20 M / 28Rd = 10 cm.

Glatt re:
In Rd stets re M str.
M-Probe: 20 M / 28 R bzw. Rd = 10 x 10 cm.

Söckchen:
MA = je 20 cm (42 M). Glatt re 2 cm (5 Rd) str. Anschließend in der 6. Rd für den Zackenrand 21mal abw. 2 M re zusammenstr. und 1U bilden. In der 7. Rd alle M und U re str. Dann noch 5Rd glatt re arbeiten. Anschließend im Ajourmuster weiterstr. Der Rundenübergang liegt in der hinteren Mitte. Nach 8 cm (22 Rd) die M des Fußblattes (21 M) auf den Nadeln lassen und die Ferse über 21 M 16 R hoch glatt re str. Dann die M in 3 Teile teilen und über die mittleren 7 M in R glatt re str. Für das Käppchen am Ende jeder Hin-R die letzte der 7 Mittel-M mit der folgenden M überzogen zusammenstr. (1 M wie zum Rechtsstr. abheben, die folgende M re str. und die abgehobene M darüberziehen), wenden, die zusammengestr. M mit vorgelegtem Faden abheben und zurückstr. Am Ende jeder Rück-R die letzte der 7 Mittel-M mit der folgenden M li zusammenstr.,wenden, die zusammengestr. M mit hintergelegtem Faden abheben und zurückstr. Sind nach Beendigung des Käppchens alle seitlichen M abgenommen, jedes hintere M-Glied der Rand-M der Ferse aufnehmen (je 8 M) und für das Fußblatt 3 M glatt re, 15 M im Ajourmuster und 3 M glatt re str. Für die Sohle über die restlichen 23 M glatt re str. Die aufgenommenen M in der 1. Rd re verschränkt str. Zur Bildung der Zwickel 3mal in jeder 2. Rd die letzten beiden M der Sohle überzogen zusammenstr. und die beiden ersten M der Sohle re zusammenstr., so daß dann 38 M auf den Nadeln sind. Nach weiteren 36 Rd für die Spitze glatt re str. und 3mal in jeder 2.Rd und 5mal in jeder Rd beiderseitig nebeneinander 2 M re zusammenstr. und 2 M überzogen zusammenstr. Die letzten 6 M zusammenziehen.

Söckchen im Jaquardmuster

Schuhgröße 36-38

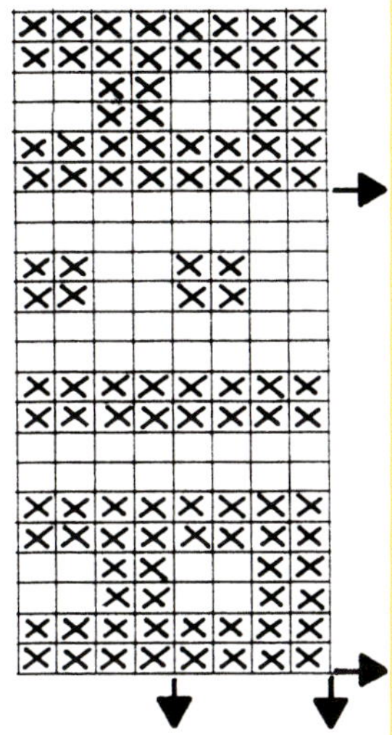

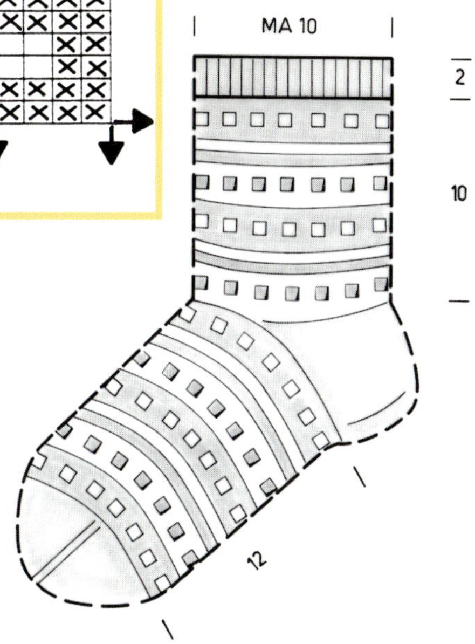

Material:
Schachenmayr »Universa« (55% Schurwolle, 45% Polyacryl, Lauflänge: 50 g = ca 125 m), etwa 100 g royal (Fb 5618) und 50 g petrol (Fb 5624), je ein Spiel Stricknadeln Nr. 2 1/2 und 3.

Rippenmuster
(Nadeln Nr. 2 1/2): Abw. 1 M re, 1 M li str.
M-Probe: 26 M = 10 cm.

Jacquardmuster
(Nadeln Nr. 3): Nach dem Zählmuster glatt re str. In den zweifarbigen Rd mit 2 Farbfäden str.
Den nichtgebrauchten Faden auf der Musterrückseite lose weiterführen. In Breite und Höhe den Mustersatz innerhalb der Pfeile wdh.
M-Probe:
26 M/32 Rd = 10 cm.

Söckchen:
MA royal = je 20 cm (52 M). Im Rippenmuster 2 cm (8 Rd) str. Dann im Jacquardmuster weiterarbeiten. Der Rundenübergang liegt in der hinteren Mitte. Nach 10 cm (32 Rd von der Blende an) für den Füßling zunächst die M des Fußblattes (26 M) auf den Nadeln lassen und über 26 M für die Ferse royal 18 R glatt re str. Dann die M in 3 Teile teilen und nur über die mittleren 8 M in R glatt re str. Für das Käppchen am Ende jeder Hin-R die letzte der 8 Mittel-M mit der folgenden M überzogen zusammenstr. (1 M wie zum Rechtsstr. abheben, 1 M re str. und die abgehobene M darüberziehen), wenden, die zusammengestr. M mit vorgelegtem Faden abheben und zurückstr. Am Ende jeder Rück-R die letzte der 8 Mittel-M mit der folgenden M li zusammenstr., wenden, die zusammengestr. M mit hintergelegtem Faden abheben und zurückstr.
Sind nach Beendigung des Käppchens alle seitlichen M abgenommen, jedes hintere M-Glied der Rand-M der Ferse aufnehmen (je 9 M) und wieder über alle M in Rd im Jacquardmuster str., dabei die aufgenommenen M in der 1.Rd re verschränkt str. Nach 12 cm (38 Rd) die Spitze royal glatt re str.: 5mal in jeder 2.Rd und 6mal in jeder Rd beiderseitig nebeneinander 2 M re zusammenstr. und 2 M überzogen zusammenstr. Die letzten 8 M zusammenziehen.

Zeichenerklärung:

☒ = 1 royalfarbene M
☐ = 1 petrolfarbene M

Handschuhe

Fingerhandschuhe im Ajourmuster

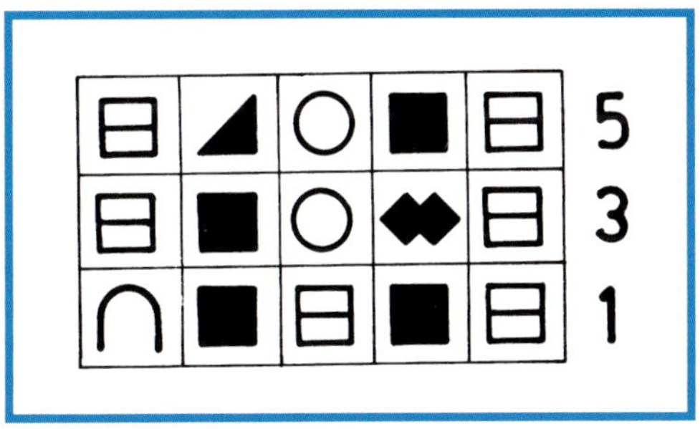

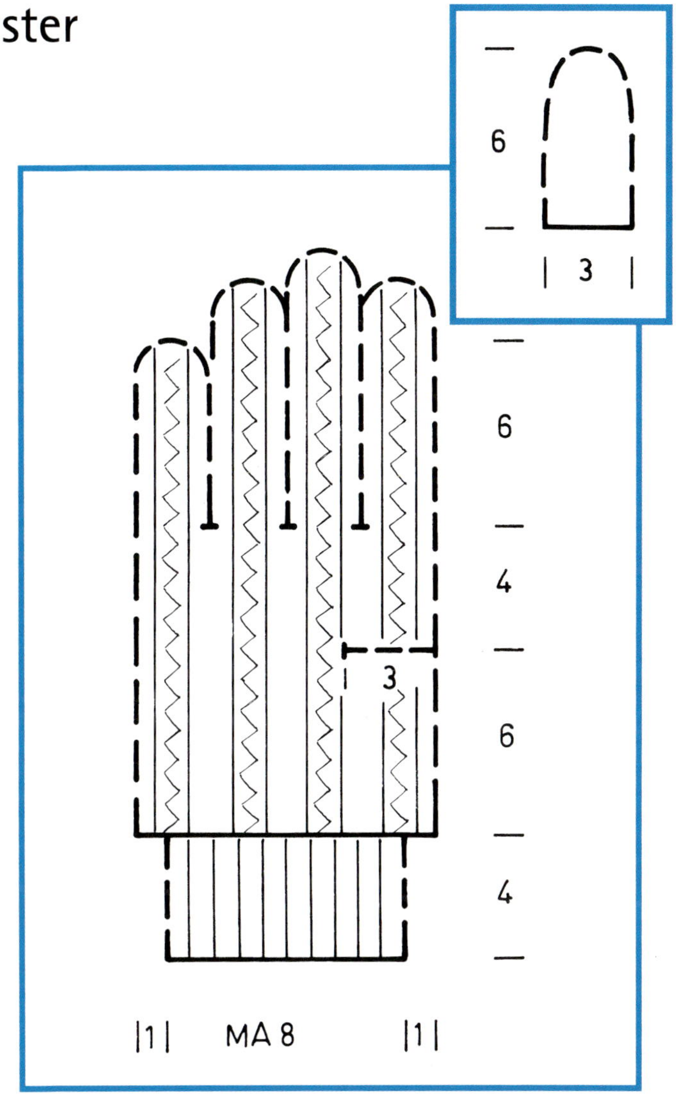

Material:
Schachenmayr »Universa« (55% Schurwolle, 45% Polyacryl, Lauflänge: 50g = ca. 125 m), etwa 100g krokus, (Fb 5674), ein Spiel Stricknadeln Nr 2 1/2.
Rippenmuster:
Abw. 1 M li, 1 M re str.
M-Probe: 25 M = 10 cm.
Ajourmuster:
Nach der Strickschrift arbeiten. In den nichtgegebenen Rd die M so str., wie sie erscheinen, die U re str. Den Mustersatz in der Breite wdh. Die 1.Rd ist die Übergangs-Rd mit den Zunehmestellen. Die 3.-6. Rd wdh.
M-Probe:
20 M/34Rd = 10 cm.
Obenauf li:
In allen Rd stets li M str.
M-Probe:
24 M/34Rd = 10 cm.
Handschuhe:
MA = je 16 cm (40 M). Im Rippenmuster 4 cm (14 Rd) str. Anschließend für den Handrücken 20 M im Ajourmuster und für den Handteller 24 M obenauf li str. Nach weiteren 6 cm (20 Rd) für den Daumenschlitz am Handteller über 3 cm (7 M) einen andersfarbigen Faden einstr. Nach weiteren 4 cm (14 Rd) die M den Fingerbreiten entsprechend einteilen. Für jeden Finger je 5 M vom Handrücken und 6 M vom Handteller nehmen, dazwischen für die Fingerspanne je 2 M anschlagen, bzw. aus den angeschlagenen M neue M herausstr., so daß für den Zeigefinger 13 M, für Mittel- und Ringfinger je 15 M und für den kleinen Finger 13 M auf den Nadeln sind. Auf jeden Finger trifft obenauf ein Ajourmustersatz, die anderen M werden obenauf li gestr.
Für den Daumen den andersfarbigen Faden entfernen und die M auf die Nadeln nehmen.
Den Daumen obenauf li str.
Für die Spitzen in der letzten Rd je 2 M li zusammenstr. Die letzten M zusammenziehen.

Mal etwas ganz

Besonderes:

selbstgestrickte

Handschuhe

kann man auch

prima verschenken.

Fingerhandschuhe im Ringelmuster

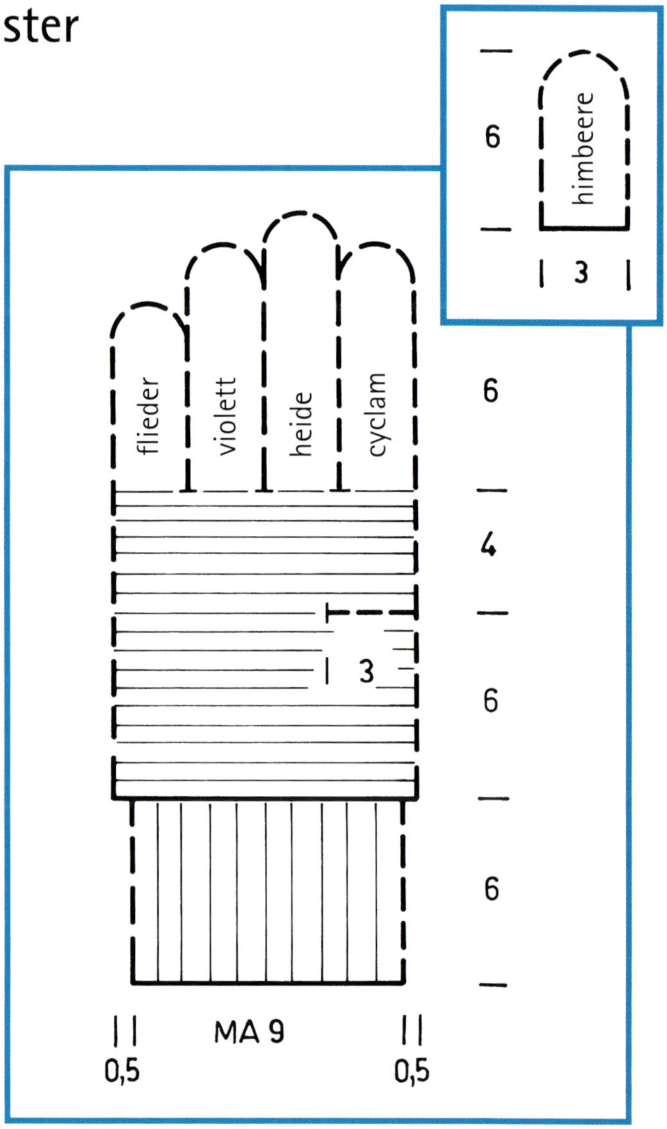

Material:
Schachenmayr »Extra« (100% Schurwolle, Lauflänge: 50g = ca.125 m), etwas flieder (Fb 3541), heide (Fb 3589), orchidee (Fb 3543), »Universa« (55% Schurwolle, 45% Polyacryl, Lauflänge: 50g = ca. 125 m), etwas violett (Fb 5620), cyclam (Fb 5611) und himbeere (Fb 5639), ein Spiel Stricknadeln Nr. 3.

Rippenmuster:
Abw. 2 M li, 2 M re str.
M-Probe: 26 M = 10 cm.

Ringelmuster:
Glatt re str. Farbfolge: je 2 Rd flieder, heide, orchidee, cyclam, himbeere und violett.
M-Probe:
24 M / 34 Rd = 10 cm.

Handschuhe:
MA violett = je 18 cm (48 M). Im Rippenmuster 6 cm (20 Rd) str. Anschließend im Ringelmuster str. Nach 6 cm (20 Rd) für den Daumen über die M in Schlitzbreite (3 cm/8 M) einen andersfarbigen Faden einstr. Nach weiteren 4 cm (14 Rd) die M den Fingerbreiten entsprechend einteilen. Für jeden Finger 6 M von Handteller und Handrücken nehmen, dazwischen je 2 M anschlagen bzw. aus den angeschlagenen M neue M herausholen, so daß für den Zeigefinger 14M, für den Mittel- und Ringfinger je 16 M und für den kleinen Finger 14 M auf den Nadeln sind. Den Zeigefinger cyclam, den Mittelfinger heide, den Ringfinger violett und den kleinen Finger flieder glatt re str. Für den Daumen den andersfarbigen Faden entfernen und die M auf die Nadeln nehmen (16 M). Den Daumen himbeere glatt re str. Für alle Spitzen in der letzten Rd je 2 M re zusammenstr. Die letzten M zusammenziehen.

Fausthandschuhe im Patentmuster

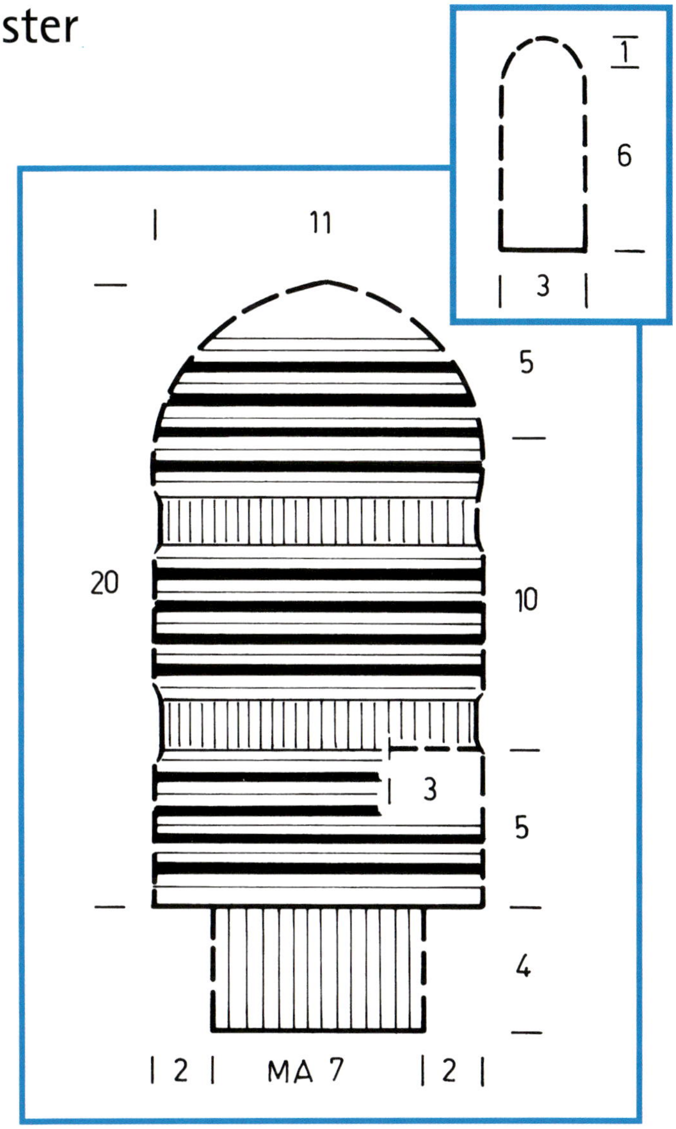

Material:
Schachenmayr »Extra« (100% Schurwolle, Lauflänge 50 g ca. 125 m),etwa 100g curryfarben (Fb 3525), 50 g mimose (Fb 3501) und 50 g natur (Fb 3502), 1 Spiel Stricknadeln Nr.3.

Rippenmuster:
Abw. 1M re, 1M li str.
M-Probe: 35M = 10cm.

Glatt re:
In Rd stets re M str.
M-Probe:
21M / 40 Rd= 10 cm.

Patentmuster:
Nach der Strickschrift arbeiten. Die 1. Rd ist die musterbedingte Übergangs-Rd. Die 4.-28. Rd wie 2.und 3. Rd str. Die 1.-34. Rd wiederholen.

Farbfolge:
In der 1.-28. Rd abw. je 2 Rd mimose, natur und curry arbeiten, die 29.-34. Rd immer curryfarben str.
M-Probe:
23 M/52 Rd = 10 cm.

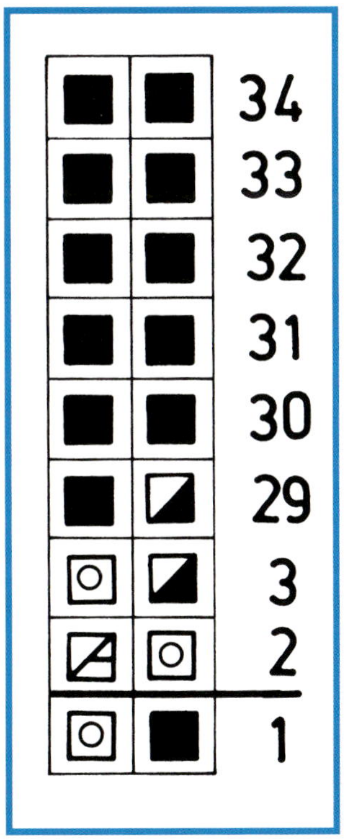

Handschuhe:
MA curryfarben = je 14 cm (48 M). Im Rippenmuster 4 cm (16 Rd) str. Dann im Patentmuster weiterarbeiten. Nach 5 cm (30 Rd) für den Daumenschlitz über 3cm (7 M) einen andersfarbigen Faden einstr. Nach weiteren 10 cm (in der 78. Rd) und in der 88. Rd an jeder Seite 3 M re zusammenstr: Dafür 2 M zusammen wie zum Rechtsstr abheben, 1 M re str. und die abgehobenen M darüberziehen. In der folgenden Rd die M dem Muster einfügen. In der 98. Rd jede 2. und 3. M, in der 100. Rd je 2 M re zusammenstr. Die letzten M zusammenziehen.
Für den Daumen den Hilfsfaden entfernen und die M auf die Nadeln nehmen (14 M). Curryfarben in Rd obenauf re str. Nach 6cm (24 Rd) stets 2M re zusammenstr. Die letzten M zusammennähen.

Fingerhandschuhe mit Zöpfen

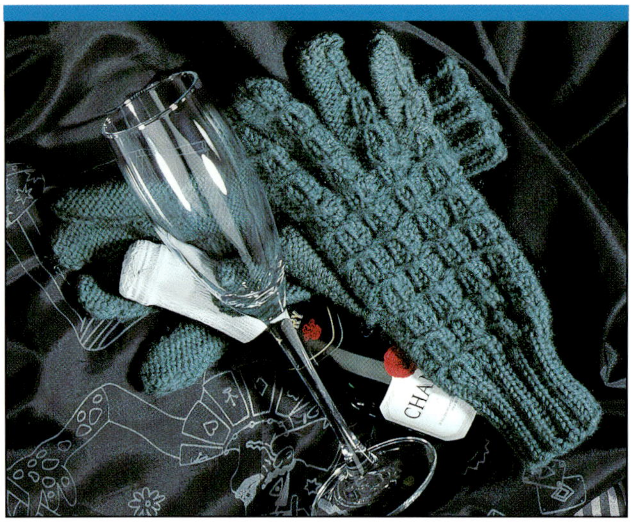

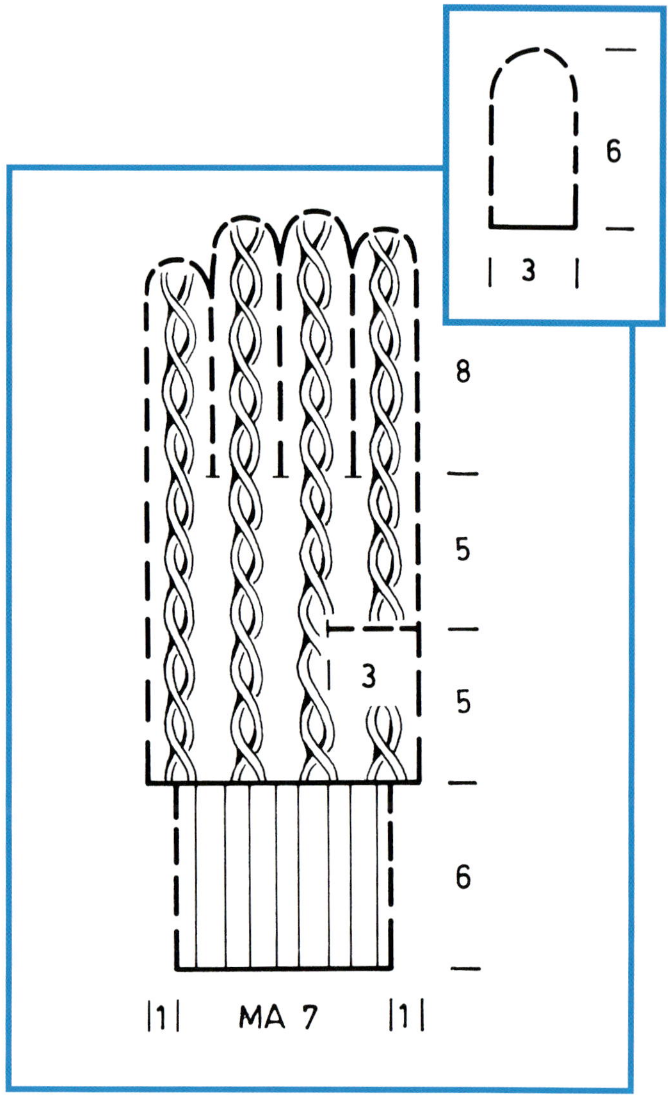

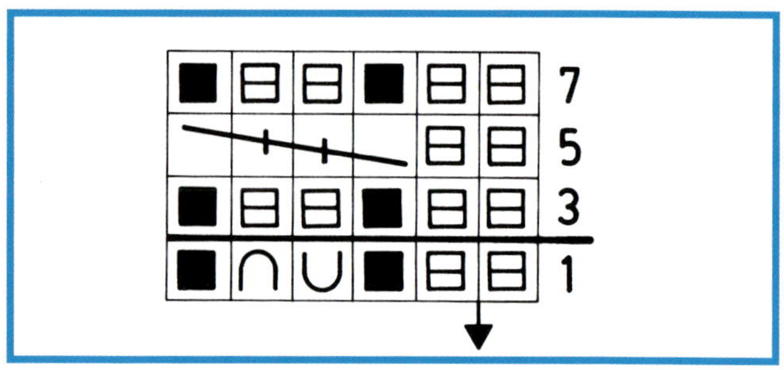

Material:
Schachenmayr »Extra« (100% Schurwolle, Lauflänge: 50 g = ca. 125 m), etwa 100 g efeu (Fb 3558), je ein Spiel Stricknadeln Nr. 3 und 3 1/2.

Rippenmuster
(Nadeln Nr. 3): In Rd abw 2 M li, 2 M re str.
M-Probe: 26 M = 10 cm:

Zopfmuster
(Nadeln Nr. 3 1/2): In Rd nach der Strickschrift str. In den nichtgegebenen Rd die M so str., wie sie erscheinen. In der Breite ist ein Mustersatz gegeben, der zu wdh. ist. In der Höhe die 3.-8. Rd wdh. Die 1. Rd gibt den Übergang vom Rippenmuster zum Zopfmuster mit den Zunehmestellen.
M-Probe: 26 M = 9 cm, 34Rd = 10 cm.

Glatt li (Nadeln Nr. 3 1/2): In Rd stets li M str.
M-Probe:
18 M = 9 cm.

Handschuhe:
MA = je 14 cm (36 M). Im Rippenmuster 6 cm (20 Rd) str. Dann für den Handrücken über 26 M im Zopfmuster und für den Handteller über 18 M obenauf li str. Nach 5 cm (18 Rd) vom Bündchen an für den Daumenschlitz über 3 cm (7 M) einen andersfarbigen Faden einstr. Nach weiteren 18Rd die ersten und letzten beiden Links-M des Zopfmusters li zusammenstr., dann die M für die Finger einteilen. Vom Handrücken für jeden Finger 6M, vom Handteller für den kleinen Finger 3M, für Ring-, Mittel- und Zeigefinger je 5 M nehmen, dazwischen für die Fingerspanne je 2 M anschlagen und bei Beginn des folgenden Fingers noch 2 M aus den angeschlagenen M herausholen, so daß für den Zeigefinger 13M, Mittel- und Ringfinger je 15 M und für den kleinen Finger 11 M auf den Nadeln sind. Auf jedem Finger den Zopf weiterarbeiten und alle übrigen M obenauf li str. Für den Daumen den andersfarbigen Faden entfernen, die M auf Nadeln nehmen (15 M) und obenauf li str. Für die Spitzen in der letzten Rd stets 2 M li zusammenstr. und die letzten M zusammenziehen.

Fausthandschuhe im Jacquardmuster

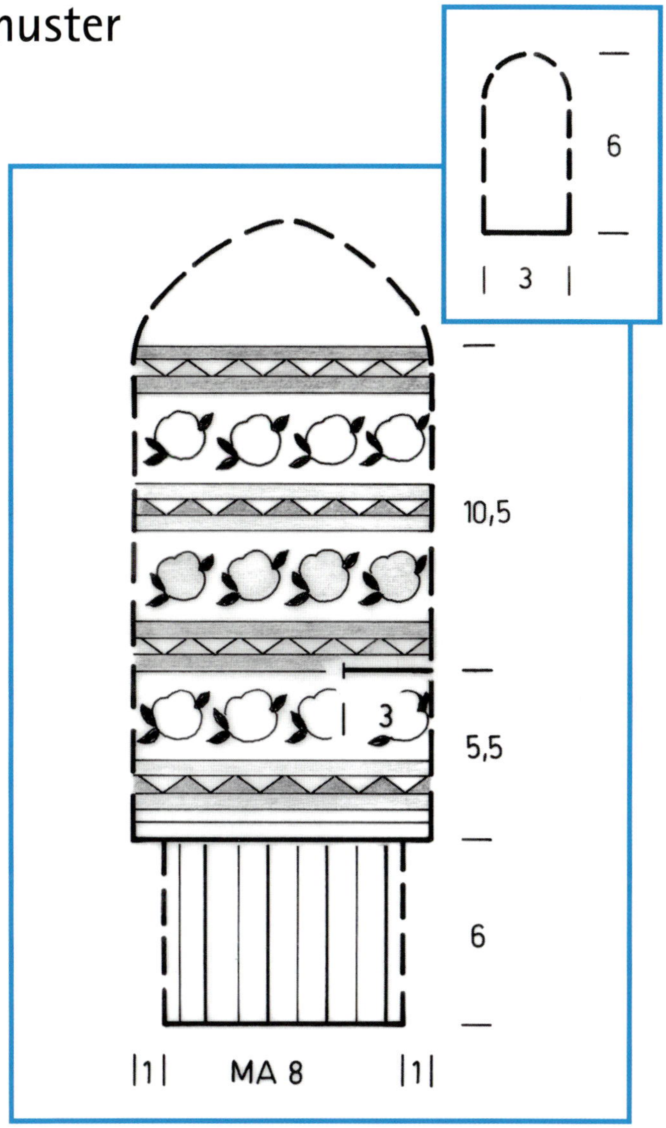

Material:
Schachenmayr »Extra« (100% Schurwolle, Lauflänge 50g = ca. 125 m), etwa 50 g orchidee (Fb 3543) und je etwas heide (Fb 3589), natur (Fb 3502) und efeu (Fb 3558), je ein Spiel Stricknadeln Nr. 3 und 3 1/2.

Rippenmuster
(Nadeln Nr. 3): In Rd abw. 2 M re und 2 M li str.
M-Probe: 23 M = 10 cm.

Glatt re
(Nadeln Nr. 3 1/2): In Rd stets re M str.

Jacquardmuster (Nadeln Nr. 3 1/2): Nach dem Zählmuster glatt re str. In den zweifarbigen Rd mit 2 Farbfäden arbeiten. Den nichtgebrauchten Faden auf der Musterrückseite lose weiterführen. In der Breite den Mustersatz wdh., in der Höhe nach beendetem Zählmuster die R innerhalb der Pfeile noch einmal str. M-Probe (beide Mu.): 24 M/32 R = 10 cm.

Handschuhe:
MA orchidee = je 16 cm (36 M). Im Rippenmuster 6 cm (22 Rd) str. Dann im Jacquardmuster weiterarbeiten (Rundenübergang am seitlichen Rand). In der 1. Rd 12mal nach jeder 3. M 1 M re verschränkt aus dem Verbindungsfaden herausstr. (48 M). Nach 5,5 cm (18 Jacquardmuster-Rd) für den Daumenschlitz über 3 cm (8 M) einen andersfarbigen Faden einstr. Nach weiteren 10 cm (34 Jacquardmuster-Rd) orchideefarben glatt re weiterstr. und zur Bildung der Spitze beiderseitig nebeneinander 4mal in jeder 2.Rd und 6mal in jeder Rd 2 M re zusammenstr. und 2 M überzogen zusammenstr. (Seite 10).
Die letzten 8 M zusammennähen.
Für den Daumen den andersfarbigen Faden entfernen und die M auf Nadeln nehmen (16 M). Den Daumen orchideefarben glatt re str. Für die Spitze in der letzten Rd je 2 M re zusammenstr. Die letzten M zusammenziehen. Zuletzt die Stickerei ausführen.

Zeichenerklärung:

- ☐ = 1 naturfarbene M
- • = 1 orchideefarbene M
- — = 1 heidefarbene M
- X = 1 efeufarbene M
- V = 1 efeufarb. Strickstich

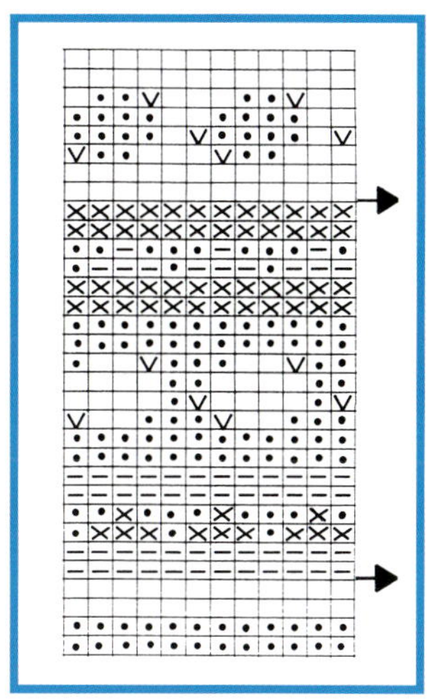

Fausthandschuhe mit Noppenmotiv

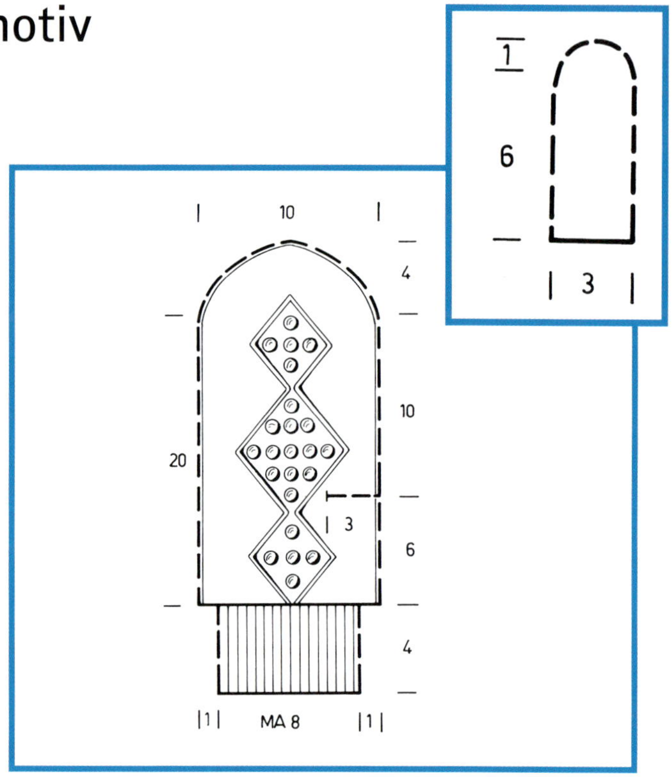

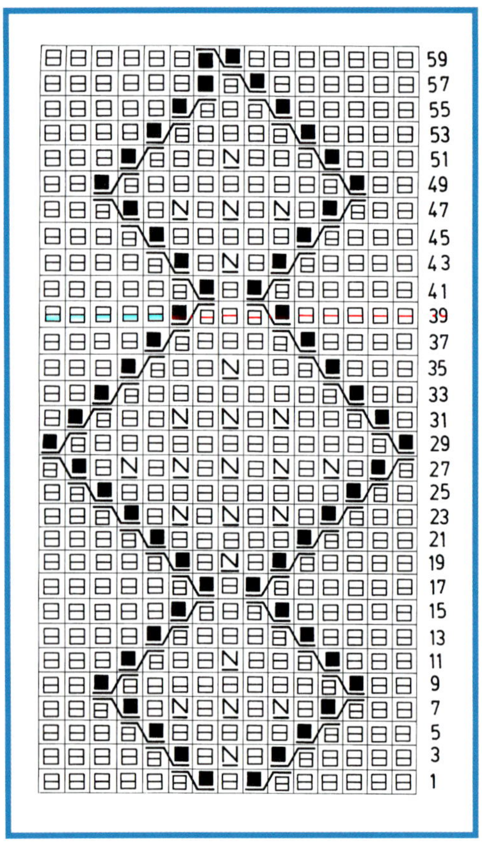

Material:
Schachenmayr »Extra« (100% Schurwolle, Lauflänge: 50g=ca.125 m), etwa 100g rauchblau (Fb 3513), 1Spiel Stricknadeln Nr.2 1/2.

Rippenmuster:
Abw.1M li, 1M re str.
M-Probe: 32M = 10cm.

Glatt li:
In Rd stets li M str.

Noppenmotiv:
Nach der Strickschrift arbeiten. In den nichtgegebenen Rück-R die M so str., wie sie erscheinen, die zusammengestr. Noppen-M li str. Die Strickschrift gibt in Höhe und Breite das ganze Motiv.
M-Probe (beide Muster): 26M /36Rd= 10cm.

Handschuhe:
MA = je 16cm (52 M). Im Rippenmuster 4cm (18 Rd) str. Anschließend obenauf li weiterstr., nur an beiden Handschuhseiten je 1M obenauf re str. und auf dem Handrücken das Noppenmotiv arbeiten. Nach 6cm (22 Rd) für den Daumenschlitz über 3cm (8 M) einen andersfarbigen Faden einstr. Nach weiteren 10cm an jeder Seite 6mal in jeder 2.Rd und 2mal in jeder Rd 2M abnehmen: dafür die re M zusammen mit der vorhergehenden M wie zum Rechtsstr. abheben, die folgende M re str. und die beiden abgehobenen M darüberziehen. Die letzten 20M zusammenziehen.
Für den Daumen den Hilfsfaden entfernen und die M auf die Nadeln nehmen (16 M). In Rd obenauf li str. Nach 6cm (22 Rd) stets 2M li zusammenstr. Die letzten M zusammenziehen.